D1923089

Brigitte Rametsteiner

Wasser verändert alles

Das Wasserbuch für Kindergarten, Grundschule und Hort

Für meinen Mann Karli,

der unser Wasserprojekt mit

viel Verständnis und Interesse begleitete.

Brigitte Rametsteiner

Wasser verändert alles

Das Wasserbuch für Kindergarten, Grundschule und Hort

verlag das netz
Weimar · Berlin

Bitte richten Sie Ihre Wünsche, Kritiken und Fragen an:
verlag das netz
Redaktion Betrifft KINDER
Kreuzstr. 4
13187 Berlin
Telefon: +49 30.48 09 65 36
Telefax: +49 30.48 15 686
E-Mail: evagrueber@verlagdasnetz.de

ISBN 978-3-937785-94-3

Lektorat: Erika Berthold
Gestaltung: Jens Klennert, Tania Miguez
Fotos: Brigitte Rametsteiner
Druck und Bindung: Förster & Borries GmbH & Co. KG, Zwickau
Printed in Germany

Weitere Informationen finden Sie unter www.verlagdasnetz.de

Inhalt

Prolog

Wasser ist ein Lebenselixier. »Es ist das einzige Element, welches flüssig, gasförmig und fest auf unserer Erde vorkommt. Wir können durch das Wasser sehen, es fühlen, riechen, schmecken, hören, trinken, erforschen, erleben... Aber wir können es nicht festhalten.«

»Weltweit wurde das Jahr 2003 von der UNO zum ›Jahr des Wassers‹ erklärt. Zentrales Thema ist die Bedeutung des Wassers als Lebenselixier. Weltweit sollen nachhaltige Prozesse angeregt werden, die über das Jahr 2003 hinausreichen. Das Thema ›Wasser – Leben‹ und der Wert der Ressource Wasser stehen im heurigen Jahr im Mittelpunkt einer Reihe von Aktionen im ganzen Land...«, stand auf der Einladung zu einem Empfang des Bundeskanzleramts in Wien, die meinem Mann überreicht wurde. Ich begleitete ihn neugierig, war aber bald elektrisiert und begeistert über das vielfältige Angebot zum Thema »Wasser«. Der Gedanke, mit meinen Kindergartenkindern ein Wasser-Projekt zu starten, begleitete mich auf der Rückfahrt nach Linz. Wasser-Aufkleber, die im Bundeskanzleramt verteilt wurden, brachte ich den Kindern mit und erzählte ihnen, woher ich sie hatte. Damit begannen unsere ersten Wasser-Gespräche.

Die Neugier und das Interesse der Kinder für »Wasser« waren geweckt. Dass wir uns im kommenden Kindergartenjahr intensiv mit dem nassen Element auseinander setzen würden, war beschlossen.

Warum Reggio?

Wenn man schon sehr lange Kindergärtnerin ist und alle möglichen pädagogischen Strömungen erlebt hat, wenn sich, trotz positiver Resonanz, Frustration breitmacht, sollte man sich fragen: Was kann ich verändern?

Annette Dreiers Buch »Was tut der Wind, wenn er nicht weht?«[1] war meine erste Begegnung mit der Reggio-Pädagogik. Was tut er denn, der Wind? Und was geschieht in dieser oberitalienischen Stadt Reggio?

Nach einem Seminar über die Reggio-Pädagogik, dem zwei weitere folgten, wusste ich: Das ist es! Danach machte ich tabula rasa – ich begann, in mir aufzuräumen: Was schleppte ich schon jahrelang mit mir herum? Was war Ballast? Was war es wert, mitgenommen zu werden?

Ich trennte mich von liebgewordenen Traditionen und sagte mir: Besser auf neuen Wegen stolpern, als in ausgetretenen Bahnen auf der Stelle treten. Meine Erkenntnis: Man kann gar nicht alt genug sein, um etwas Neues zu beginnen. Neu denken, umdenken, anders denken, quer denken. Ich war infiziert und in kleinen Schritten unterwegs nach Reggio...

Was ist Reggio?

»Die Reggio-Pädagogik ist kein Modell, sondern eine neue Art des Denkens über Kinder, über Erziehung, über den Kindergarten und seine Beziehung zur Gesellschaft. Es ist eine Denkweise, die nicht gelernt, aber die gefunden werden kann«, erfuhr ich. »Forscherdrang und versonnenes Träumen gehören in der Reggio-Pädagogik unteilbar zum Wegnetz, das zum Erkennen, Verstehen, Verändern der eigenen Person und des Lebens ringsum gehört.«[2]

In der Reggio-Pädagogik wird den Kindern nichts Fertiges übergestülpt, sondern Kinder und Erwachsene wachsen an und mit den Projekten. Eine »vorbereitete Umgebung« regt zu autonomem Denken und Handeln an, es geht um erlebnishaftes Lernen durch Erforschen, Entdecken, Erfahren, Experimentieren, Ausprobieren, Versuchen, Erfinden, Gestalten, Strukturieren, Begreifen, Durchschauen, Erkennen, Differenzieren, Überprüfen und Vergleichen. Kinder und Erwachsene bringen eigene Ideen ein, dürfen unterschiedliche Wege gehen und immer wieder Fragen stellen, ihnen auf den Grund gehen. Dabei finden alle Beteiligten, vor allem aber die Kinder, Verständnis. Ihr Recht auf Selbstbestimmung und ihr Privileg, sich in einer Vielzahl von Formen – nämlich in »100 Sprachen«, wie der Begründer der Reggio-Pädagogik Loris Malaguzzi sagt – auszudrücken, werden respektiert. Ihr eigenes Zeitmaß wird be- und geachtet.

Was wäre zum erlebnishaften Lernen besser geeignet als Wasser?

Ein möglichst breit gefächertes Angebot soll die Neugier der Kinder wecken und ihr Nahrung bieten:

- Denkanstöße geben;
- neue Fragen aufwerfen;
- die Fantasie anregen;
- dem Forschergeist und der Experimentierfreude Rechnung tragen;
- die Abenteuerlust fördern;
- zu neuen Experimenten ermutigen;
- Auslöser für Dialoge und Prozesse sein;
- die Lebensnotwendigkeit des Wassers unterstreichen;
- auf seine Schönheit hinweisen;
- die Vielfalt seiner Farben zeigen;
- mögliche Gefahren signalisieren;
- das Bewusstsein stärken, dass wir es mit etwas Kostbarem zu tun haben;
- Verantwortungsgefühl dafür entwickeln;
- eine Beziehung aufbauen: zu einem Element, ohne das es kein Leben geben kann;
- dadurch die Kinder nachhaltig prägen.

Für mich begann nun die Zeit der Vorbereitung. Ich knüpfte Kontakte mit dem Umweltminister – ein im Wiener Bundeskanzleramt präsentierter Kurzfilm

1 Dreier, A.: Was tut der Wind, wenn er nicht weht? Luchterhand Verlag, Berlin 1999
2 Die Zitate entstammen meinen persönlichen Aufzeichnungen, die ich während einer Studienreise nach Reggio anfertigte. B. R.

»Wasser in Österreich« war Gegenstand meines Interesses, man freute sich darüber und ließ mir eine Kopie schicken – und dem Wasserwirtschaftsamt in Klagenfurt. Auch dort war man kooperativ und gab mir nützliche Hinweise. Allerdings konnte man sich nicht vorstellen, was ich Kindern »ein ganzes Jahr lang über Wasser erzählen würde«. Ich versprach, dass ich diese Frage nach einem Jahr beantworten würde.

Sodann besuchte ich »Bios Erlebniswelt« im Nationalpark Hohe Tauern, Zentrum Mallnitz. Ein Erlebnis, bei dem graue Theorie lebendig wurde und ich wieder zu staunen begann: Im Wasserlabor, im Luftlabor und im Sonnenlabor gewannen Verborgenes, Unscheinbares und Selbstverständliches plötzlich an Bedeutung. Ich nahm vieles wahr, das ich so noch nie gesehen hatte. Die Schöpfung bekam einen anderen Stellenwert.

Am meisten interessierte mich eine Sonderausstellung, die mich ins »Reich des Wassers« entführte. Ich begann, alles zu sammeln, was nur irgendwie mit Wasser zu tun hatte.

Ein feuchtfröhliches und spannendes Jahr lag vor uns, und ich freute mich auf den Dialog mit den Kindern.

Sie, liebe Leserin, lieber Leser, lade ich ein, uns durch dieses Jahr zu folgen. Es wäre mir eine Freude, wenn die Kinder und ich Ihnen die eine oder andere Anregung vermitteln könnten.

Brigitte Rametsteiner
Linz, im Juli 2012

Wasser verändert alles

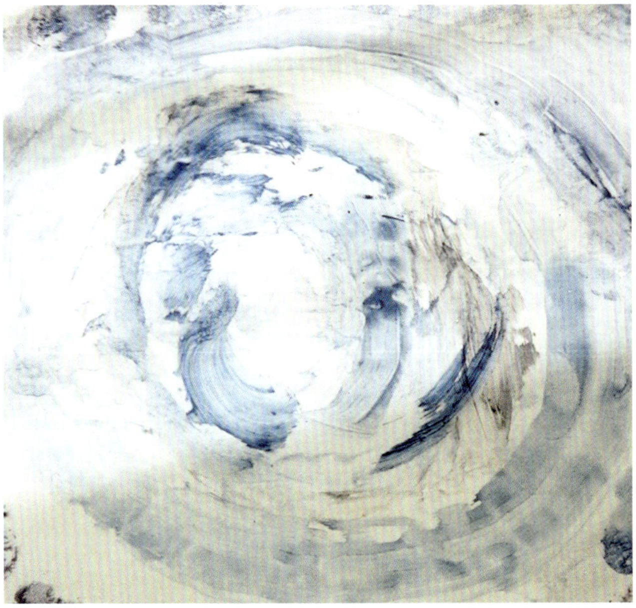

Die Ferien neigten sich dem Ende zu, und ich war neugierig, wie das Wasser-Projekt beginnen würde. Ich hatte inzwischen allerlei zum Thema »Wasser« im Gepäck und mir überlegt, was ich den Kindern sagen würde. Doch all das musste warten, so schwer es mir auch fiel. Erst mal sehen und hören, was die Kinder...

Ich war sprachlos, denn ich hatte nicht wirklich damit gerechnet, dass die Gedanken der Kinder während der Ferien ums Wasser kreisen würden.

Nico kam mit einem Bilderbuch: »Weil da das Meer drin ist und Schiffe. Und blaue Servietten habe ich auch mitgebracht, denn die haben die Farbe vom Meer.«

Niklas kam mit Buntstiften. Deren Farben waren zwar nicht wasserlöslich, aber mit Wasser vermalbar. Er sagte: »Ich war mit meinem Papa einkaufen. Und da hab ich gedacht: Diese Stifte kannst du jetzt brauchen.«

Naemi brachte Wasserbilder mit, die sie aus Zeitschriften ausgeschnitten hatte.

Zwei Jungen hatten je ein großes Piratenschiff dabei, denn: »Schiffe gehören zum Wasser.«

Von einer Mutter bekamen wir Noten für Lieder zum Thema »Wasser«.

Jakob brachte ein Lineal mit integrierter Wasserwaage mit.

Ein Sand-Wasser-Bild, Karten, Zeitungsausschnitte, Bilder in allen Größen, Sachbücher über alles, was mit Wasser zu tun hat – zum Beispiel über die Feuerwehr, denn: »Die Feuerwehr braucht das Wasser zum Löschen«, über Meeresbewohner und Schiffe – häuften sich auf dem Tisch und darunter. Viele verschiedene Muscheln erfreuten und erstaunten uns.

Jan brachte Papierservietten mit Wasserwellenmotiv: »Wir haben doch jetzt das Wasser-Projekt. Da hab ich mir gedacht: Die sind richtig.« Außerdem packte er eine Schlange aus, zum Glück keine lebendige, und sagte: »Das ist eine Wasserschlange – was sonst?« Schließlich stellte er ein Glas auf den Tisch: »Ich war mit den Eltern in Italien und hab dir ein Meerwasser mitgebracht. Jetzt male ich das Meer...«

Bewegte Wellen

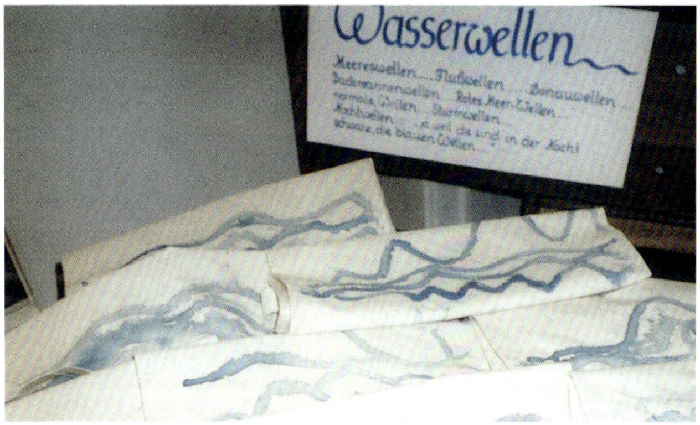

Während die Kinder Wellen malten, unterhielten sie sich miteinander.

Nico: »Es gibt verschiedene Wellen.«

Sebastian: »Auf hohen Wellen kann man surfen.«

Niklas: »Man kann immer surfen!«

Damit war Sebastian nicht einverstanden. Weil ihm keine passende Antwort einfiel, machte er sich über Niklas' Wellenmalerei lustig: »So ein rotes Wasser gibt es gar nicht!«

Niklas: »Ich misch es ja mit Blau, dann wird's violett. Solche Wellen hab ich schon gesehen.«

Gefragt, welche Wellen sie kennen, zählten die Kinder auf: bewegte Wellen – wenn ein Sturm kommt, Wasserwellen, Meereswellen, Flusswellen, Donauwellen, Badewannenwellen, normale Wellen, blaue Wellen, schwarze Wellen – wenn es Nacht ist, Schaumwellen, hohe Wellen, kleine Wellen, gemalte Wellen.

Der Maltisch war fast immer besetzt. Anfangs entstanden verschiedene Bilder in unterschiedlichen Farben. Irgendwie hatten sie aber immer mit Wasser zu tun.

Niklas: »Nico, wir nehmen die Finger! Ich male jetzt eine Spirale.«

Nico: »Und ich male eine Wassertropfenreise...«

Weil so schöne Wasserbilder entstanden, schlug ich den Kindern vor, die Stofftaschen für die Garderobe auch so zu bemalen. Ehe ich mit meiner Rede fertig war, hatte Nico bereits Vorstellungen von der Gestaltung seiner Tasche...

Nico: »Ich male Wellen, weil ich die im Urlaub gesehen habe, in Kärnten.«

Mario: »Ich male das Meer von Kärnten. Aber die Mur hat keine Wellen, die hat eine Strömung.«

Nico: »Was ist die Mur?«

Mario: »Das ist ein Fluss in der Steiermark. Sein Wasser ist grün und blau.«

Emina: »So was hab ich im Urlaub nicht gesehen. Aber Wellen im Meer, und da waren Fische.«

Julia: »Enten schwimmen auf den Wellen, auf einem See. Da hab ich ihnen Futter hineingeschmissen.«

Sebastian: »Wellen sind am Wasser.«

Jan: »Ja, am Meer.«

Niklas: »Das Meer ist das größte Wasser, weil das Meer das Größte vom Planeten ist. (Niklas meinte: Wasser bedeckt den größten Teil der Erde.) Das Wasser kommt vom Meer.«

Jan: »Nein, es kommt vom Regen! Das weiß jeder.«

Niklas: »Ja, aber durch Rohre fließt auch Wasser. Was ist, wenn's verdunstet?«

Eine Wasserskulptur und Wasserspiele

Eine Skulptur aus bunten Kunststoffrohren sollte ursprünglich als Abschluss unseres Farben-Projektes entstehen. Die Zeit lief uns davon, die Ferien kamen dazwischen, die Idee ruhte und viele bunte Kunststoffrohre warteten... Aber nicht mehr lange, denn die Kinder erinnerten sich an unser Vorhaben. Niklas schlug vor: »Jetzt könnten wir das Kunstwerk mit den Rohren machen, denn Wasser fließt ja durch Rohre.«

Das Material und der Plan

Die Rohre, unterschiedlich in Farbe, Form, Größe und Länge, lagen bereit. Jan, Niklas und Sebastian wollten zuerst einen Plan zeichnen.

Niklas: »Unten müssen wir's verstärken, damit es gut hält.«
Jan: »Wir könnten ein Loch ins Rohr machen, da kann das Wasser durchfließen.«

Jan hatte genaue Vorstellungen, wo das Wasser entlang fließen könnte, und hielt sie auf Papier fest. Niklas zeichnete an der Tafel und erklärte seine Ideen. Sebastians Plan zeigte eine Wasserlandschaft mit Kreuzungspunkten, einer Vogeltränke, einem Treffpunkt für Vögel, mit Wasserpumpen, Wasserbecken, einer Wasserbar, einem Wasserfall, vielen Verbindungen und einer Schöpfstelle. Ich war beeindruckt. Interessant fand ich, dass Kinder in Reggio Emilia bei ihrem Projekt »Vergnügungspark für Vögel« ähnliche Stationen entworfen hatten.

Jan wollte eine Wasserleitungsrohre-Landschaft bauen. Ich dachte zwar eher an eine Skulptur, hielt mich aber zurück. Bei der Standortbesichtigung meinte Niklas später: »Wir müssen es anders machen, denn unsere Terrasse ist nicht groß genug.«

Noch waren die drei Jungen die Hauptakteure, aber der Kreis der Interessierten vergrößerte sich allmählich.

Mimi: »Machen wir eine Kustur!«
Keiner konnte sich darunter etwas vorstellen. Erst als Mimi – schon ein wenig verzagt, weil niemand sie verstand – erzählte, wo so eine Kustur steht, wussten wir: Mimi sprach von einer Skulptur.
Die Kinder machten sich ans Werk, und Niklas erklärte den neuen Plan: »Das Graue sind die Rohre für unten, denn das sind die dicken Rohre. Und das Violette habe ich mir für nachher ausgedacht, das geht dann so hinauf.«

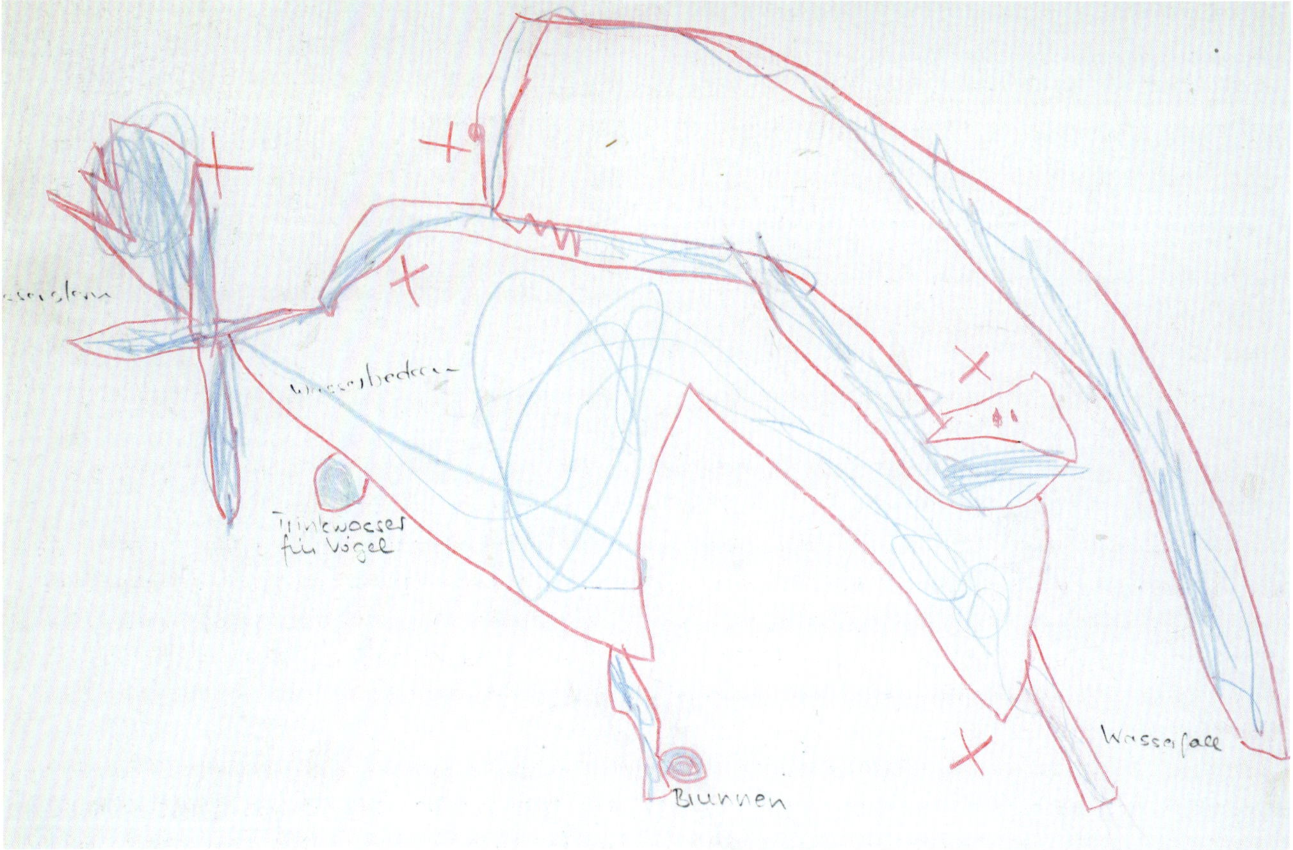
Wasserbecken
Trinkwasser für Vögel
Brunnen
Wasserfall

Die Strategie

Auf der Terrasse begann man zu bauen. Niko, Niklas, Sebastian und Jan bekamen Verstärkung. Zuerst wurden die ganz dicken Rohre platziert, und es wurde allerlei ausprobiert. Dabei stellte sich die Frage: Wie soll das alles halten?

Julias Vater hat uns für die Verbindungen Gipsbinden zur Verfügung gestellt.
Niklas: »So was braucht man, wenn man sich die Hand gebrochen hat. Das kenne ich! Deswegen mach ich das mit dem Gips.«

Nico: »Ja, das ist voll cool! Wenn man das ins Wasser taucht, wird es weich. Wasser verändert alles!«

Niklas: »Aber wenn es trocken ist, ist es hart.«

Nico: »Genau! Da ist das Wasser dann wieder verschwunden.«

Die ersten Versuche, in die dritte Dimension zu gehen, fielen für die Kinder nicht zufriedenstellend aus. Die langen Rohre wollten nicht stehen bleiben.

Teamwork

Ein Kind schnitt die Gipsstreifen zu, eins tauchte sie ins Wasser, aber beim Verbinden waren mehrere Hände notwendig. Immer wieder andere Kinder beteiligten sich am Bauwerk, nur Niklas, Jan und Nico waren jedes Mal dabei. Es ging zügig voran.

Manche Kinder wollten nur ein bestimmtes Rohr, nämlich ihr ganz persönliches, befestigen.

Deshalb entstanden aus den Rohren, die darauf warteten, in das Kunstwerk eingebaut zu werden, nebenbei zeitweilig allerhand andere Spezialitäten: Fernrohre, Sprachrohre, Balancierstangen, Geräuscheerzeuger. Ich schritt erst ein, als sie zu Schwertern wurden.

Nico: »Jetzt sieht man schon, dass es ein Kunstwerk wird.«

Naemi: »Cool! Aber wir können noch was dazubauen.«

Simona: »Die Kinder waren so fleißig! Und ich war im Urlaub…«

Dominic: »Mir gefällt's, aber mithelfen mag ich nicht. Ich mag den Matsch nicht.«

Niklas: »Das Vergipsen ist schwierig – ein bissel… Dieses Verbinden von den Rohren, damit's auch hält.«

Sebastian: »Ich hab das Verbinden mit dem Gips toll gefunden. Zuerst hat's getropft, und auf einmal war alles hart.«

Judith: »Ich find's schön, aber ich mag den Gips nicht angreifen, weil ich nicht schmutzig werden will.«

Naemi: »Da wird man gar nicht schmutzig! Nur weiß.«

Sebastian: »Ich freu mich schon, wenn das Wasser durch die Rohre rinnen wird.«

Niklas: »Aber zuerst muss das Kunstwerk fertig werden, die Skulptur.«

Sebastian: »So was gibt's auch im Museum.«

Zwar war ich für die Materialbeschaffung zuständig und bei allen Aktivitäten dabei, griff aber nicht in das Baugeschehen ein, da die Kinder ihre eigenen Vorstellungen hatten und nach ihnen vorgingen. Als

das Kunstwerk noch höher werden sollte, war meine Hilfe gefragt. Ich durfte Vorschläge zur besseren Haltbarkeit machen und sollte die »höheren Verbindungen« übernehmen, denn: »Da kommen wir nicht hinauf.«

Bodenheizungsrohre haben den Vorteil, dass sie gut biegbar sind und ihre Form behalten. Sie wurden zum Teil als Wasserleitung und zum Teil als schmückende Elemente verwendet. Es wurde gedreht, gebogen, ausprobiert, verändert...

Die Kinder konnten es kaum erwarten, endlich Wasser durch die Rohe zu leiten. Schließlich startete der Funktionstest, aber beim ersten Versuch ließ das Wasser auf sich warten...

»Es ist ja ein langer Weg«, meinte Niklas. Sebastian: »Ganz schön weit!«

Weil der Eingießstutzen niedriger angesetzt war als manche Rohrwindungen, konnte es nicht funktionieren. Julias Vater riet uns: »Ihr braucht einen Druck!«

52

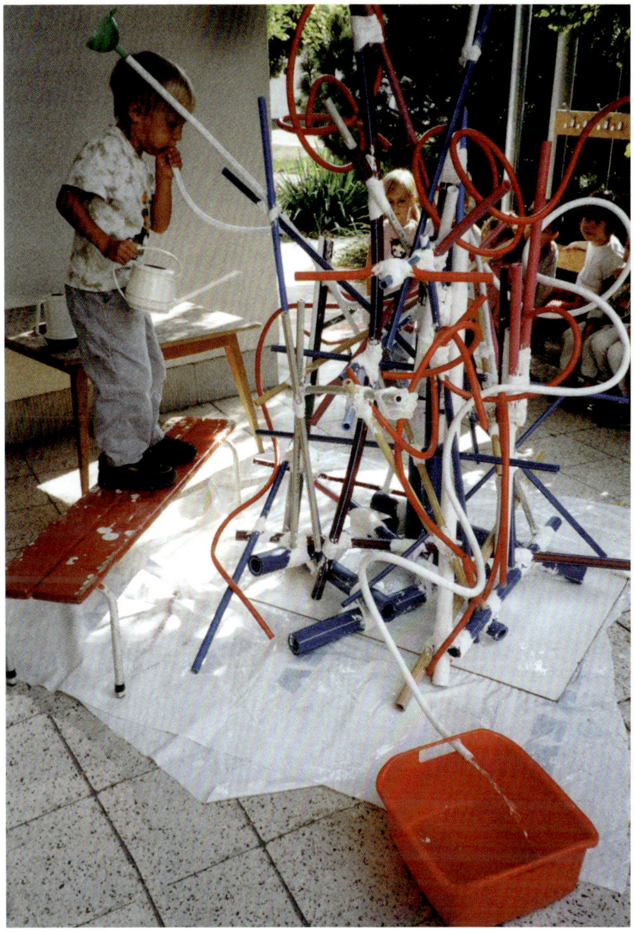

Er sorgte dafür, und das Wasser kam spritzend und gurgelnd heraus…

In der Folge wurden weitere Umbauten, Veränderungen und Korrekturen vorgenommen. Schließlich sprudelte das Wasser ohne zusätzlichen Druck unten heraus. Das war den Kindern aber gar nicht recht, denn das Hineinblasen hatte so viel Spaß gemacht…

Was die Kinder noch lernen mussten: die richtige Dosierung des Wassers beim Eingießen.

Damit unser Kunstwerk den Witterungsverhältnissen standhielt, wurden die Gipsverbindungen zum Schluss mit Lack gestrichen.

»Es schaut aus wie eine Zauberskulptur, weil wir da so einen Zaubertrank durchlassen«, meinte Jan.

Nico: »Das ist doch Wasser!«

Jan: »Ja, aber Wasser hat viele Nährstoffe. Ich hab ein Video, und von dem weiß ich, dass Wasser mit Mineralstoffen angereichert ist.«

Mimi: »Wasser verändert alles!«

Naemi: »Das ist wie eine Rutsche für die Tropfen.«

Wasserspiele fanden die Kinder: »Lustig, sie machen Spaß. Sie machen nass. Mit dem Wasser kann man so schön spielen, und das Spritzen gefällt mir so. Ich steig so gern ins Wasser. Jeder mag Wasser, denn wir brauchen es, sonst würde alles austrocknen und sterben. Wasser brauchen wir zum Leben, Wasser verändert alles…«

Schüttspiele und viele damit verbundene Experimente beschäftigten uns oft. Die roten und weißen Kunststoffrohre waren immer dabei.

Jan: »Die sind sehr praktisch. Wie man sie biegt, so bleiben sie. Den Schlauch muss man immer halten. Aber er ist zum Herumspritzen lustig.«

Das Rohr unten zuhalten – das war eine Zeitlang aktuell. Eines Tages kam Nico auf die Idee, etwas hineinzustopfen. Der Stöpsel steckte so fest, dass die Kinder ihn nicht mehr entfernen konnten. Sie wollten es aber schaffen und suchten nach Lösungen.

Jan: »Glaubst du, dass der Niklas so fest blasen kann, dass der Stöpsel heraus fällt?«

Es klappte nicht, der Stöpsel saß zu fest. Nun erst wurde meine Hilfe in Anspruch genommen.

Was heißt sprühen? Die Kinder meinten:
»Das ist wie Regen.«
»Da wird man nur ein bisschen nass.«
»Das ist Kitzeln mit Wasser.«
»Das ist Wasserstaub.«
»Das mag ich auf der Haut.«
»Ganz kleine Wassertropfen, aber ganz viele.«
»Wie feiner Regen.«

Anfangs wurden die Pflanzen auf der Terrasse besprüht. Dann erweiterten die Kinder ihren Aktionsradius bis zur Wiese. Der große Kletterkegel wurde anfangs nur benetzt, »weil da ein Muster entsteht »Langsam wurde er nass, und am Ende rann so viel Wasser an ihm herunter, dass es zu einem Fußbad reichte. Großer Beliebtheit bei Fließ- und Tröpfelaktivitäten erfreuten sich die Infusionsbeutel.

Die Kinder entdeckten, dass Trichter hilfreich sein können.

Dominik füllte Wasser in ein Rohr und wartete, bis das Wasser am anderen Ende heraus rann. An die Möglichkeit, das Rohr zu bewegen, dachte er nicht.

Schließlich wollte er nicht mehr länger warten und versuchte es mit Trichtern. Er schien den richtigen gefunden zu haben, denn er beschäftigte sich lange damit und hatte Spaß dabei.

Die Spirale

Weil die Bodenheizungsrohrstücke derartig beliebt waren, bekamen wir noch zwei Rollen, die in unserer Garderobe darauf warteten, entdeckt zu werden. Das dauerte gar nicht lange.

Niklas: »Da draußen liegt was. Es schaut aus wie ein Schlauch. Wir haben so was auch bei der Skulptur gehabt. Nur viel kürzer.«
Jan: »Das ist eine Spirale.«

Die Klebestreifen wurden gelöst, und die Rolle wurde auseinandergezogen. Sie war nicht leicht zu

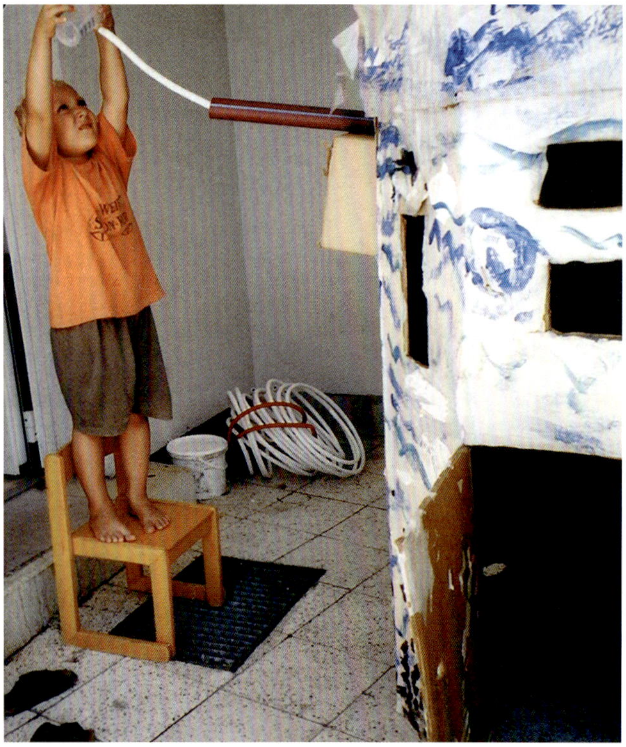

bändigen, aber die Kinder kamen auf die Idee, die Enden an Türen, die einander gegenüberlagen, zu fixieren. Die Eigendynamik des Materials wurde schnell erkannt und ausgenutzt.

Nico hatte die Idee, Wasser durch die Spirale rinnen zu lassen. Weil dies im Garderobebereich schwer möglich war, wurde die Riesenspirale auf die Terrasse befördert.

Jakob: »Das ist der Geheimgang zum Wasserschloss. Wir sind nämlich unter Wasser…«

Die Wasserspiele gingen weiter.

Nico: »Ich möchte das rote Rohr ins weiße reinstecken, aber es geht nicht. Es muss aber gehen!« Er gab nicht auf, kam zu mir und bat: »Kannst du mir das so schräg abschneiden?«

Ich konnte, aber das rote Rohr war einfach zu groß. Es klappte wieder nicht. Schließlich fand Nico eine Lösung.

Weil sich der »biegbare Schlauch«,[3] mit dem die Kinder ihre eigenen Wasserleitungen kreieren konnten, so großer Beliebtheit erfreute, bot ich bei unserem alljährlichen Familienfest im Kindergarten eine »Wasserstation« an. Mit ihren Eltern konnten die Kinder ihre eigene Wasserleitung konstruieren und später natürlich auch testen, ob sie funktioniert.

3 Der »Schlauch«, in Wirklichkeit ein leicht biegsames Rohr, wird von der Linzer Firma KE-KELIT für Bodenheizungen produziert.

Die Farben des Wassers, der Tropfen und das Gewitter

In einer Münchner Buchhandlung entdeckte ich ein faszinierendes Buch über die Farben des Wassers, das ich meinen Kindern nicht vorenthalten wollte, schon deshalb nicht, weil ich neugierig war, wie viele Blaus sie entdecken würden. In John von Düffels Vorwort zu dem Buch »87 Tage blau« von Peter Schanz[4] las ich:

»Wasser ist das Element der Verwandlung. Es ist weich und hart, glatt und rau, still bisweilen und dann wieder aufwühlend wild. Wasser kann geschmeidig sein, geradezu anschmiegsam in der Art, wie es den Rumpf eines Schiffes umspielt... Wasser ist blau, aber niemals auf ein und dieselbe Weise.

Die Farbe der Meere spiegelt, so heißt es, den Himmel. Der Stand der Sonne und der Zug der Wolken geben dem Meer und seiner Weite ein Gesicht, lassen es freundlich und einladend erscheinen oder auch abwesend kalt.

Wasser ist das Element der Verwandlung. Sein Anblick ist mit nichts auf der Welt vergleichbar.«

86 Anblicke hielt Peter Schanz bei seiner Weltumrundung auf einem Containerschiff fest. Jedes Blau, das er fotografierte, ist von ganz eigener Art. Es ist mit dem Blau anderer Meere und Breiten nicht zu verwechseln. Für jedes dieser 86 Blaus bräuchte man ein eigenes Wort. Jedes Blau ist auf seine Art unsagbar.

Durch das Buch inspiriert, gingen die Kinder auf Farbensuche für das Wasser: blau, dunkelblau, hellblau, mittelblau, grünlich, bläulich, türkis, grünblau, wetterblau, gewitterblau, lichtblau, hellschwarz, dunkelbräunlich, graublau, weißblau, ganz blau, weißbraun, blauweiß, buntstiftblau, tintenblau, schwarzblau, braunblau, rosa, rotblau, violett, schwarztürkis, blautürkis, helltürkis, dunkeltürkis, ozeanblau, Bluejeans-blau, abendblau, nachtblau, dunkelbläulich, wellenblau, wellenschaumblau, weißlichblau, rot...

Nico: »Geh! Doch nicht Rot!«

Jan: »Doch! Wenn die Sonne untergeht, dann ist das Wasser rot.«

Die Farben des Wassers, von den Kindern gemalt, fanden sich auf Bildern von Wassertropfen, auf Aquarellen und beim Malen auf Stoff.

Sebastian malte Wassertropfen – unterschiedlich in Farbe, Größe, Struktur – und stellte fest: »Alle sind verschieden. Wenn's regnet, sind auch nicht alle gleich.«

Mimi fand, dass das Wasser im Glas eine andere Farbe hat als in den Garten-Pfützen und wusste: »Die Donau sieht bei Regenwetter anders aus als bei Sonnenschein.«

Jan: »Wasser verändert sich.«
Niklas: »Wasser verändert alles!«

Es entwickelte sich ein Gespräch darüber, was Wasser kann und was man mit Wasser tun kann. Ich notierte die Äußerungen der Kinder: strömen, fließen, verbinden, vermischen, trennen, sprühen, kochen, sieden, kühlen, tragen, auflösen – wenn man ein Papier hineinlegt, reinigen, sauber machen, Blumen gießen, plätschern, rinnen, sprudeln, Spaß machen, nass machen, tröpfeln, träufeln, abwaschen, sich waschen, ausschütten, spritzen, verschütten, trinken, saufen, schlürfen, ausgießen, schlucken, verschlucken, verdünnen, gurgeln, spülen, springen...

Damit war ein Kind nicht einverstanden, aber Jan sagte: »Du hast ja keine Ahnung! Wenn das Wasser

4 Schanz, P.: 87 Tage Blau – Logbuch einer Erdumrundung. Sanssouci im Carl Hanser Verlag, München/Wien 2003

gegen einen Stein prallt, dann schaut's aus, als tät's springen.«

Niklas: »Es kann zu Eis werden.«

Sebastian: »Aber da muss es sehr kalt sein.«

Jan: »Das nennt man gefrieren.«

Wasser kann warm machen, kalt machen, Steine verändern, Farben verändern, beim Kochen etwas verändern, Feuer löschen, Durst löschen, Leben retten, gefährlich sein: bei Sturm, bei Gewitter, bei einer Überschwemmung, bei Flutwellen, bei Hochwasser, wenn es tief ist, wenn es ganz viel regnet und stürmt, wenn man ins Wasser fällt und ertrinkt, weil man nicht schwimmen kann. Und mit heißem Wasser kann man sich verbrennen.

Wasser hat Stärke und Kraft: für Wasserräder, Mühlräder, für die Stromerzeugung...

Jan: »Da gibt es Kraftwerke. Ich weiß das, weil ich es in einem Buch gesehen hab.«

Niklas: »Wasser braucht eine Wasserleitung.«

Und wieder wurden Wasserleitungen gebaut, selbst aus Holzbausteinen.

Es folgten weitere Gespräche darüber, was man im, am oder mit Wasser tun kann und dass sich dabei manchmal die Farbe des Wassers verändert.

Jan: »Wenn wir mit dem Wasser was machen, dann verändern wir das Wasser.«

Mimi: »Plantscht man im Wasser herum, dann wird das Wasser heller. Wenn ich bade, gibt meine Mama so einen Schaum ins Wasser, und dann verändert sich die Farbe vom Wasser. Es wird blau, grün, rosarot...«

Nico: »Wenn man am Strand Sandburgen baut und einen Wassergraben, dann bekommt das Wasser die Farbe vom Sand.«

Mimi: »Dann ist es so bräunlich.«

Julia: »Ja, so schmutzig!«

Jan: »Nein, nicht schmutzig. Nur sandig.«

Was kann man noch im oder am Wasser tun?

Schwimmen, schwimmen lernen, tauchen, untertauchen, einen Salto machen, schnorcheln, surfen, Wasserball spielen, Schlauchboot fahren, Tretboot fahren, Rennboot fahren, eine Segelbootregatta veranstalten..

Jan: »Ich war mal am Attersee. Da waren ganz viele Segelboote, und das Wasser hat ausgesehen wie gepunktet. Es kann auch glitzern, wenn die Sonne drauf scheint.«

Mimi: »Im Wasser kann man die Wolken sehen.«

Jakob: »Und sich selber.«

Jan: »Aber dann dürfen keine Wellen sein.«

Außerdem kann man im oder am Wasser: auf Wellen reiten, im Sand spielen, Sandburgen bauen, picknicken, sich aufs Handtuch legen und schlafen,

Muscheln sammeln, segeln, Beach-Volleyball spielen, Urlaub machen, angeln, fischen, Netze auswerfen, Netze einziehen, Netze flicken, Boote streichen, Boot fahren, Fische beobachten, Frösche beobachten, den Fröschen zuhören, mitquaken, Kaulquappen beobachten, Kaulquappen einfangen, Enten füttern, Schwäne füttern, den Wellen zuschauen, Eis essen, einen Strandspaziergang machen, Wasserski fahren, auf einen Seeigel treten, Leute beobachten, sich eincremen, einen Sonnenbrand bekommen, einen Kanal bauen, mit dem Floß fahren, Seerosen pflücken...

Jan: »Das kann man gar nicht, weil man da nicht hinkommt.«

Am Wasser kann man auch malen, lesen, ein Loch in den Sand graben, ein Wasserrad bauen, im Gras liegen und den Wolken zuschauen, auf der Luftmatratze liegen und auf den Wellen schaukeln, herumspritzen, mit Wasser spielen, Wasser tragen, sich ganz nass machen, sich einen Schnupfen holen, Steine sammeln...

Jan: »Und wenn man einen Moorspaziergang macht und nicht aufpasst, kann man im Moor versinken.«

Mario: »Noch was kann man am Wasser tun: Wasser schöpfen!«

Mimi: »Und trinken!«

Nico: »Wenn man eine Wasserleitung baut, kann man das Wasser durchrinnen lassen.«

Julia: »Mit Wasser kann man sich auch waschen.«

Jan: »Dann wird man sauber, denn: Wasser verändert alles!«

Im Garten unterwegs

Ausschlaggebend für das folgende Unterfangen war Nicos Schilderung über seine Beobachtungen auf dem Weg in den Kindergarten. Da muss es von Regenwürmern nur so gewimmelt haben... Staunend hörten die Kinder zu. Aber nicht alle glaubten ihm.

Mimi: »Ich habe auch schon einen Regenwurm gesehen. Aber nicht so viele. Ich frag deine Mama, ob das wirklich stimmt.«

Nico: »Die Regenwürmer hat meine Mama nicht gesehen, weil die Mama keine Regenwürmer mag. Aber ich mag Regenwürmer. Darum sehe ich sie auch.«

Ich kam dem Wunsch der Kinder nach, in unserem Garten nach Regenwürmern zu suchen, und bei leichtem Nieselregen gingen wir auf Entdeckungsreise. Wir fanden allerhand, aber leider keinen Regen-

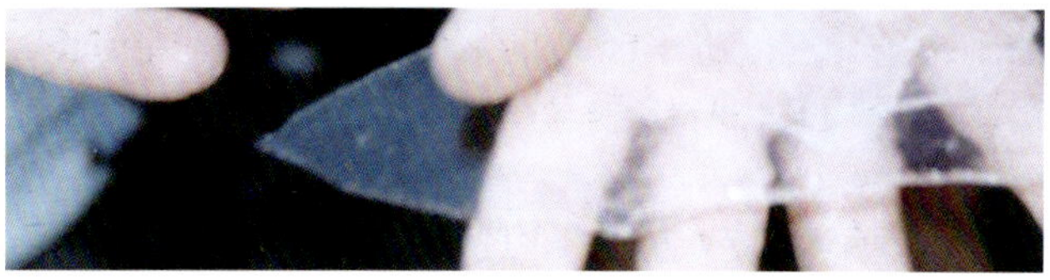

wurm. Die Kinder meinten: »Vielleicht ist ihm das Wetter zu schlecht. Oder es ist zu kalt. Er könnte auch auf Urlaub sein. Oder er schläft und hat gar nicht gemerkt, dass es regnet...«

Im Gartenbeet gruben wir ein wenig und entdeckten dabei, dass die Erde nur oberflächlich nass war, obwohl es schon eine Woche lang regnete. Auch im Beet war kein Regenwurm zu finden. Die Kinder sagten: »Wahrscheinlich hat er sich vergraben. Ja, ganz tief unten. Oder er besucht seine Oma...«

Als die Kinder das erste Eis entdeckten, war der Regenwurm vergessen. Jedes Kind versuchte, eine Eisscherbe zu erwischen.

Jakob: »Eis ist wie Glas.«

Jan: »Dabei ist es Wasser!«

»Wassertropfen sind wie Glitzersteine«, findet Niklas.

Während sich einige Kinder mit dem zu Eis gewordenen Wasser beschäftigten, waren Niklas und Nico schon wieder unterwegs.

Niklas: »Ich hab was entdeckt! Allerschönste Wassertropfen!«

Nico: »Die kommen zu unserem Projekt auf Besuch.«

Viele blaue Glassteinchen, die ich mitgebracht hatte, weil sie den Wassertropfen ähneln, rückten in den Mittelpunkt des Interesses der Kinder. Sie legten einen Teil ihres Spielbereichs damit aus.

Niklas: »Das sind die Wassertropfen.«

Nico: »Ja, so wie die am Gras. Die habe ich mit der Lupe gesehen. Sie schimmern.«

Jan: »Das waren Regentropfen.«

Toni Tropf und seine Freunde

Toni Tropf, Willi Water und Alina Aqua sind Maskottchen der Wasserschule Hohe Tauern in »Bios Erlebniswelt«. Zwei davon: Toni Tropf und Willi Water, hatte ich den Kindern mitgebracht. Ich dachte, zwei Tropfen – für Wassertropfendialoge zum Beispiel – würden reichen. Aber da hatte ich die Rechnung ohne die Kinder gemacht.

Als ich aus den mitgebrachten »Wassertropfengeschichten« vorlas, wollten die Kinder sie nachspielen. »Alina Aqua fehlt!« bekam ich zu hören. »Wir brauchen Alina Aqua!«

Wo sollten wir sie hernehmen?

Die Kinder wussten sich zu helfen, malten Tropfen und schnitten sie aus. Aber zufrieden waren sie mit dieser Lösung nicht. Da fragte Niklas mich: »Kannst du nicht eine Alina Aqua nähen?«

Ich konnte, besorgte blauen Filz, und Alina Aqua entstand nach der Vorlage der beiden anderen Figuren. Die Kinder verfolgten alles mit. Kein Wunder, dass einige von ihnen auch Wassertropfen nähen wollten...

Toni Tropf, Willi Water und Alina Aqua bekamen immer mehr Gesellschaft. Jedes Kind entwickelte seine eigene Tropfen-Nähtechnik.

Jan: »Wenn nur das Einfädeln nicht wäre! Aber ich hab's schon gelernt – mit einem größeren Loch geht's leichter.«

Beim Nähen dachte sich Niklas eine Wassertropfengeschichte aus. Hier ist sie:

»Toni Tropf und Alina Aqua sind in die Wiese gefallen. Willi Water wollte nicht allein auf der Wolke bleiben und hüpfte hinterher. Zuerst hat er sie gar nicht gefunden. Er war sehr traurig und setzte sich auf eine Blume. Auf einmal waren auch Toni Tropf und Alina Aqua neben ihm. Alle freuten sich.

Die Sonne schien, und da kamen die Regentropfen wieder auf die Wolke. Sie hatten vieles auf der Erde erlebt. Und jetzt ist die Geschichte aus!«

Die Reise der Wassertropfen

Aufgeregt erzählte mir Mimi: »Ich habe eine Entdeckung gemacht! Die Wassertropfen haben eigentlich keine Farbe. Aber wenn die Sonne drauf scheint, glitzern sie wie Edelsteine.«

Als Mimi ihre Entdeckung ein wenig später anderen Kindern zeigen wollte, war der Wassertropfen verschwunden. Nur ein feuchter Fleck war noch zu sehen.

Jan: »Der Tropfen ist verdunstet.«

Nach einer für Kinder entwickelten bildlichen Darstellung versuchte ich, Mimi, Jan und den anderen den Kreislauf der Wassertropfen zu erklären:

Durch Wärme (Sonneneinstrahlung) steigen Wassertropfen als Dampftröpfchen nach oben. Man nennt diesen Vorgang Verdunstung.

Beim Aufsteigen kühlt sich die warme Luft mit den Dampftröpfchen ab, und aus den Tröpfchen werden wieder Wassertropfen, die Wolken bilden – sie verdichten sich.

Dann kommt der Wind und treibt die Wolken zu wuchtigen Wolkenhaufen zusammen.

Vor hohen Gebirgen stauen sich die Wolken, die Wassertropfen rücken enger zusammen, kühlen weiter ab und werden schwerer.

Schließlich platzt die Wolke, und die Tropfen fallen als Regen auf die Erde herab.

Wenn es regnet, nehmen die Wassertropfen eine Menge Schmutz aus der Luft mit auf den Weg zur Erde. Dort versickern sie.

In der Erde stoßen sich die Wassertropfen an Steinen und Sandkörnern. Dabei reiben sie sich den Schmutz wieder ab und gelangen schließlich auf eine feste, dichte Erdschicht, die wasserundurchlässig ist.

Auf dieser Erdschicht treffen sich alle Wassertropfen wieder. Sie sammeln sich und bilden gemeinsam das Grundwasser.

Die Tropfen wandern auf dieser wasserundurchlässigen Schicht so lange weiter, bis sie einen Ausgang finden und wieder ans Tageslicht gelangen. Diesen Ort nennt man Quelle. Aus dem Quellwasser wird ein Bach.

Jan: »Und dann wird's ein Fluss – wie die Traun bei meiner Oma.«

Mimi: »Und die Traun fließt in die Donau.«

Niklas: »Ja, und die Donau fließt ins Meer.«

Auf der Reise zum Meer erwischt die Sonne einen Teil der Wassertropfen und erwärmt sie. Die Wassertropfen verdunsten wieder, und die Wassertropfenreise beginnt von vorn.

Die »Reise der Wassertropfen« ließ immer neue Wassertropfengeschichten entstehen. Toni Tropf, Willi Water und Alina Aqua durften darin nicht fehlen. Hinzu kamen noch unsere selbst genähten Tropfen. Überhaupt waren sie ständig im Einsatz: beim Spielen, beim Erfinden von Geschichten, in Stilleübungen, in Rhythmik-Übungen, in Bewegungsgeschichten, als Untermalung von Erzählungen, beim Legen von Mustern...

Immer wieder holten die Kinder die Glassteine hervor. Sie fanden sie faszinierend, und in Kombination mit Wasser war alles noch attraktiver.

Mimi: »Das Wasser ist so schön, weil man alles eintauchen kann.«

Niklas: »Schaut mal, wie Wasser die Glassteine verändert!«

Nico: »Genau! Wenn sie trocken sind, sind sie anders. Sie sind voll schön, und im Wasser sind sie noch schöner.«

Naemi: »Zuerst waren die Steine rau, aber im Wasser waren sie dann glatt.«

Jan und Niklas zugleich: »Das ist so, weil Wasser alles verändert!«

Der Pritscheltisch

Für längere Zeit stand der Pritscheltisch[5] auf der Beliebtheitsskala der Kinder ganz oben. Sie entwickelten immer wieder neue Ideen. Anfangs spielten sie nur mit den großen Steinen, hatten Freude am Farbenspiel, das vom Wasser hervorgerufen wurde, waren fasziniert von den Veränderungen. Dann kamen ein paar türkise Steine dazu, und schließlich befanden sich sämtliche Glassteinchen im Wasser.

Niklas: »Ich hab was entdeckt! Das Wasser verändert die Glassteine...«

5 Pritscheln ist das österreichische Wort für plantschen.

Nico, Mario und Sebastian zugleich: »Wissen wir eh!«

Niklas: »... und die Steine verändern das Wasser.«

Mimi: »Ja, da sind jetzt Wellen. Vorher waren keine Wellen da.«

Jan: »Vielleicht sind es Zaubersteine? Ich mag jetzt einen Vergleich machen.« Er holte sich verschiedene Steine und fand Unterschiede.

Niklas: »Ich mach jetzt ein Regenbild, weil die Glassteine wie Regentropfen ausschauen.«

Viele kleine Gebilde entstanden, die letztlich zu einem großen Bild zusammenwuchsen, dem »Regenbild«.

Niklas: »Ich hab da eine besondere Wolke gemacht: Willi Water und Toni Tropf haben sich etwas ausgedacht und gehen auf die Reise. Alina Aqua hat was anderes vor. Aber sie treffen sich irgendwann...«

Mimi: »Und das sind Tropfen auf einem Spinnennetz. Die großen sind Toni Tropf, Willi Water und Alina Aqua.

Regen

Mimi: »Wenn es regnet, wird man nass. Ich mag nass werden, und ich mag Regen.«

Nico: »Der Regen ist sehr wichtig, weil sonst alles vertrocknen tät.«

Jan: »Und auf einmal hätten wir kein Wasser mehr. Aber es gibt ja den Wasserkreislauf. Und der Tau ist auch so was wie ein Regen.«

Niklas: »Aber nur in der Nacht. Ich weiß das, weil in der Früh das Gras nass ist, auch wenn's gar nicht geregnet hat.«

Jan: »Der Wetterbericht hat gesagt, es hat 1 Meter geregnet. Aber das finde ich komisch, denn wenn die Traun ganz viel Wasser hat, dann geht sie über. Und das ist mehr als 1 Meter...«

Ich erklärte den Kindern, dass es spezielle Regenmesser gibt, bestehend aus Auffanggefäß, Sammelgefäß und Abflusstrichter. Nico und Julia wollten den nächsten Regenguss messen. Wir suchten ein Glas,

auf das ich nach Nicos Anleitung Striche malen musste.

Nach einigen Tagen Wartezeit regnete es endlich. Das Glas wurde aufgestellt und ständig beobachtet. Nico: »Brigitte, schau! Das Glas ist schon 1 Meter voll!«

Der Regen ließ nach, und die Kinder waren enttäuscht, weil die geringe Regenmenge im Glas schnell verdunstete. Ich bekam den Auftrag, das Glas übers Wochenende an einen Platz zu stellen, an dem der Regen gut hineinfallen konnte.

Nico, nachdem ihn sein erster Weg am Montagmorgen zum Messglas mit dem Regenwasser geführt hatte: »Schade, dass es so wenig ist... Aber weil's nicht mehr geregnet hat.« Dann fiel sein Blick auf die Regentropfen auf den Pflanzen, und er kam auf eine Idee: »Ich schüttle ein paar Tropfen ins Glas, damit es mehr wird. Ich lass es da stehen, vielleicht regnet's ja noch.«

Es regnete tatsächlich.

Nico: »Zum Glück hat's noch geregnet. Jetzt ist wieder mehr Wasser im Glas. Mir taugt das! Ich glaub, ich werde einmal Regenmesser.«

Er behielt sein Messglas weiter im Auge und freute sich jedes Mal, wenn sich Regenwasser angesammelt hatte.

Wovon hängen Niederschläge ab?

- von der Art der Wolke, aus der die Wassertröpfchen oder Eiskristalle fallen;
- von den Temperaturen in den Luftschichten, die der Niederschlag auf dem Weg zur Erde durchquert.

Niederschlagsformen

- Niesel- oder Sprühregen,
- Regen,
- starker Regen,
- Eisregen,
- Graupeln,
- Schnee.

Wie entsteht eine Wolke?

Durch die Hitze der Sonne wird Wasser aus Flüssen, Seen und Meeren in Wasserdampf verwandelt. Der Dampf steigt in die Atmosphäre auf. Weiter oben ist die Luft kälter, und der Wasserdampf wird zu winzigen Tröpfchen, aus denen sich Wolken bilden. Die Wassertröpfchen verbinden sich zu größeren Tropfen. Sobald sie zu schwer sind, um weiter in der Wolke schweben zu können, fallen sie als Niederschlag zu Boden.[6]

6 Aus: Unwetter. Kosmos Verlag, 2003

Was wäre ein Regentag ohne Regenschirm?

Mimi: »Eigentlich ist ein Regenschirm für Kinder ja unpraktisch. Aber ich habe so einen schönen Schirm mit Gummibärchen drauf...«

Jakob entdeckte: »Da, wo man den Schirm hält – das sieht aus wie bei Jakob.« Er meinte den Anfangsbuchstaben seines Namens, das J. Seit dieser Entdeckung malte er Regenschirme am laufenden Band.

Neben den Regenschirmbildern entstanden auch Bilder von Regentagen, die wir zu einem gemeinsamen »Regentagbild« zusammenstellten. Jedes Kind hatte seinen Regen gemalt.

Später erklärte ich den Kindern: Wolken sind riesige Wasserspeicher, in denen Milliarden von Wassertropfen und Eiskristallen enthalten sind. Sie bestimmen zu einem großen Teil unser Wetter. Jeden Tag fällt in vielen Gebieten der Welt Wasser in unterschiedlicher Form und Menge aus den Wolken auf die Erde. Das nennt man Niederschlag. Niederschläge sind für menschliches Leben wichtig, aber sie richten oft große Zerstörung an.

Was gibt es für Wolken? Die Kinder zählten auf: Regenwolken, Donner-Blitz-Wolken – Jan: »Die gibt es nicht! Das heißt Gewitterwolken!«, Sturmwolken, Unglückswolken – weil sie schlechtes Wetter bringen, Schleierwolken, Schlechtwetterwolken, Schönwetterwolken, Federwolken, verschwundene Wolken, schwarze Wolken, Haufenwolken, graue Wolken, weiße Wolken, eine Wolkenwand, Flugwolken – die bewegen sich am Himmel, Fantasiewolken, Traumwolken, Wolken mit Wasser im Bauch, kleine Wolken, Wölkchen, Schneewolken...

Ein Gewitter ist für die Kinder etwas Aufregendes, ein wenig Unheimliches. In diesem Jahr hatten wir im Kindergarten noch kein Gewitter erlebt. Aber einige Kinder erinnerten sich daran, dass der Blitz einmal in den Baum vor unserem Fenster eingeschlagen, ihn zerstört hatte. Das war eine Sensation, und Nico hatte dermaßen dramatisch davon berichtet, dass die Kinder, die dieses Naturschauspiel nicht mitverfolgen konnten, traurig waren, es versäumt zu haben.

Jan und Sebastian erzählten von schaurigen Gewittern, die sie erlebt hatten. Solche Gewitter spiegelten sich anschließend in vielen Zeichnungen der Kinder wider.

Jan: »Wenn eine weiße und eine graue Wolke zusammenkommen, entsteht Blitz und Donner.«

Sebastian: »Das sind Gewitterwolken.«

Nico: »Zuerst sind die Wolken weiß, dann werden sie grau, und wenn sie dann schwarz werden, weiß man, dass ein Gewitter kommt.«

Nikola: »Ich fürchte mich bei Gewitter, weil: Da ist ein Blitz.«

Jan: »Mein Opa hat einen Blitzableiter.«

Sebastian: »Meiner auch – am Dach.«

Julia: »Als ich klein war, hab ich mich gefürchtet, weil der Donner mich erschreckt hat.«

Nico: »Aber da braucht man sich nicht zu fürchten!«

Nikola: »Aber wenn der Blitz in den Baum kommt, macht er ihn kaputt, und der Baum fällt aufs Haus.«

Sebastian: »Das kann sehr gefährlich werden.«

Pfützen

Jan hat Wasser aus einer Pfütze mitgebracht und sagt: »Es ist frisches Pfützenwasser.«

Was ist eine Pfütze? »So ein kleiner See, aber nur, wenn ein Loch in der Erde ist oder auf der Straße.«

Julia: »Ich bin sogar schon einmal reingefallen, aber ich hab meine Regenhose angehabt.«

Mimi: »In der Pfütze kann man auch pritscheln, das ist schön.«

Wie entstehen Gewitter?

Feuchte, bodennahe Luft wird von der Sonne erwärmt und steigt auf. Es bilden sich hohe Wolkentürme, in denen die elektrischen Ladungen unterschiedlich verteilt sind.

Wie entlädt sich ein Blitz?

1. Leitblitz: Vorentladungen in der Gewitterwolke leiten häufig den negativ geladenen Leitblitz ein, der mit 300 Kilometern pro Sekunde auf den Erdboden zuschießt.
2. Fangentladung: Der Leitblitz nähert sich dem Boden. Dadurch steigt an der Spitze exponierter Objekte wie Türme oder Bäume die Feldstärke an. Es entstehen Fangentladungen, die dem Leitblitz entgegen wachsen.
3. Hauptentladung: Der eigentliche Blitz schlägt mit einer Geschwindigkeit von 100.000 Kilometern pro Sekunde dort ein, wo Fangentladung und Leitblitz als erstes zusammentreffen. Die im Leitblitz gespeicherte negative Ladung wird zur Erde abgeleitet.

Im Jahr 2003 blitzte es in Österreich mehr als 160.000 Mal.[7]

Roman: »Ich bin noch nie in eine Pfütze gestiegen. Da wird man ja nass! Ich mag nicht nass werden.«

Nikola: »Aber das ist schön! Spritzen ist so schön!«

Julia sah das Glas mit dem schmutzigen Pfützenwasser: »Wie riecht es denn?«

Judith griff hinein: »Das ist wie ein normales Wasser, so kalt.«

Roman: »Ich mag da nicht hineingreifen.«

Mimi: »In einer Pfütze kann man auch ausrutschen. Meine Oma ist schon einmal ausgerutscht.«

Judith: »Und wenn ein spitzer Stein drin ist, kann man bluten.«

Mimi: »Nein, geblutet hat sie nicht.«

Vom Fenster aus entdeckten die Kinder im Garten Pfützen. Also zogen wir uns entsprechend an, steckten die große Lupe ein und gingen auf Pfützensuche.

---

7 Quelle: Oberösterreichische Nachrichten

Nicht nur die Pfützen erregten das Interesse der Kinder, sondern auch das, was drinnen lag. Sie fanden Steinchen, Hölzchen, Zweige, Stecken, Holzspäne und Blätter, untersuchten alles, rührten mit Stöcken in den Pfützen herum und wirbelten dabei Erde auf. Julia machte die Erfahrung: »Wenn's nass ist, kann man leichter ausrutschen.«

Nico: »Manchmal ist die Pfütze wie ein Spiegel. Aber wenn der Nikola mit dem Stecken umrührt, sieht man gar nichts mehr.«

Mimi » Wir haben zwölf Pfützen im Garten entdeckt!«

Sebastian: »Und alle waren nass, dreckig, schmutzig.«

Jan: »Ja, das ist Schmutzwasser.«

Sebastian: »Zuerst war das Wasser klar. Dann habe ich einen Stein reinfallen lassen. Da war das Wasser unklar.«

Nico: »Und ich bin reingesprungen! Das war erst super!«

Julia: »Und mich hast du dabei ganz nass gemacht.«

Die Entdeckungen: Was da alles drinnen ist... Wenn man umrührt, wird's dunkel und schmutzig. Es ist kalt. Man kann sich spiegeln. Julia und Sebastian stehen Kopf...

Die magische Anziehungskraft, die Pfützen auf Kinder ausüben, blieb bis zum Ende des Kindergartenjahrs erhalten. Da gab es noch eine »Pfützenbegegnung der besonderen Art«:

Eines Sommermorgens hatte es stark geregnet. Rund um die Sandkiste war eine riesengroße Pfütze – ein kleiner See – entstanden. Als ich kam, wurde ich mit der Meldung »Sensation« begrüßt.

Mario: »Brigitte, hast du schon die Riesenpfütze da draußen gesehen?«

Ich hatte.

Nico: »Da möchte ich am liebsten hineinsteigen.«

Ich: »Ich auch! Steigen wir rein?«

Allgemeines Hallo, die Hosen aufgekrempelt, und los ging's. Die Kinder hatten sichtlich Spaß. Das Barfussgehen im feuchten Klee war angenehm. Nach dem kalten Pfützenwasser kam uns die nasse Wiese ganz warm vor.

Nico: »So schön, dass wir da hinein durften!«

Mario: »Es war für die Füße kalt und schön.«

Nico: »Brigitte, es war so super, dass du mit uns in die Pfütze gegangen bist. Ich hätte ja am liebsten drinnen bleiben mögen.«

Julia – sie hatte sich am Tag zuvor den Fuß verletzt – erzählte der Helferin: »Ich wär so gerne in die Pfütze gestiegen, aber mit meinem Wehweh am Fuß und dem Pflaster ist es nicht gegangen. Ich bin traurig…«

Lisa: »Für meine Füße war es auch schön. Ich hab kein Pflaster.«

Magdalena: »Meine Füße sind jetzt ganz frisch!«

Dann kamen ein paar Sonnenstrahlen.

Nico: »Schade! Ich möchte so gern, dass die große Pfütze bleibt.«

Jan: »Die ist so groß, die versickert nicht so schnell.«

Als Magdalena abgeholt wurde, erzählte sie ihrer Mutter, dass sie in der Riesenpfütze war.

»Mit Regenstiefeln?« fragte die Mutter. »Nein, mit den Füßen! Das war lustig!«

Schnee und Eis

Schnee ist die Bezeichnung für festen Niederschlag, der in Form von sechsstrahligen Sternen, Nadeln, Plättchen oder Säulen bei Temperaturen um und unter null Grad fällt. Die einzelnen fallenden Schneekristalle und besonders die während des Fallens aneinander gelagerten Kristalle werden als Schneeflocken bezeichnet. Die Form der Kristalle ist von den jeweiligen Bedingungen – Temperatur, relative Luftfeuchtigkeit – abhängig.[8]

Schnee ist ständigen Veränderungen durch klimatische Einflüsse unterworfen. Unterschieden werden Trockenschneearten und Nassschneearten.[9]

Sebastian: »Es muss draußen kalt sein, dann schneit es.«

Jan: »Ja, und Eis ist gefrorenes Wasser.«

Sebastian: »Wenn wir kein Wasser hätten, wäre das mit Schnee und Eis nicht passiert.«

Jan: »Man könnte auf eine kalte Rutsche ein Wasser…«

Sebastian: »Aber ein kaltes.«

Jan: »Ja, ein kaltes Wasser ausleeren. Dann gefriert es, und dann könnten wir rutschen.«

Nico: »Aber nicht so schnell!«

Jan: »Wenn die Rutsche steil ist, muss es schnell sein.«

Nico: »Die Wolke hat Wasser schneien lassen. Wenn sie viele Tropfen hat, schneit es ganz viel.«

Sebastian: »Ja, aber Kälte muss dazu kommen. Und wenn alles zusammenkommt, gibt es viel Schnee.«

Nico: »Dann können wir Ski fahren.«

Dominic: »Und Bob fahren.«

Mario: »Oder rutschen.«

Trockenschneearten

- Pulverschnee: nadelartige Kristalle, fällt bei Frost;
- windgepresster und Mehlschnee: feiner, dichter, abgelagerter Pulverschnee mit zerriebenen Kristallspitzen;
- Grießschnee: älterer Pulverschnee mit abgelagerten Kristallspitzen;
- Raureif oder Raufrost: bei hoher Luftfeuchtigkeit in flachen Kristallen wachsender fester Niederschlag;
- Harsch: durch mehrfaches Tauen und Gefrieren entstandener grobkörniger Schnee.

Nassschneearten

- Pappschnee: nasser, feinkörniger Schnee;
- nasser Grießschnee;
- nasser Raureif und Firn: abgerundeter Harschkörper.

Nico begann, eine Schneekugel durch den Garten zu rollen. Sie wurde immer größer und lenkte die Aufmerksamkeit anderer Kinder auf sich. Weil sie so groß und schwer war, nahm Nico die Mithilfe der Kinder gern in Anspruch. Schließlich war auch meine Hilfe gefragt, bis sich das Riesending nicht mehr von der Stelle bewegen ließ.

Nico wollte die große Kugel erklimmen, was gar nicht so einfach war. Es waren viele Versuche notwendig, aber er gab nicht auf. Mit Anlauf klappte es dann.

8 Knaurs Lexikon, Band 12
9 Das Lexikon für Österreich, Band 16

Er war sehr stolz auf seine Kugel und hoffte: »Die wird lange nicht schmelzen, weil sie so dick ist.« Ehe wir den Garten verließen, bat er: »Kannst du die Spur noch fotografieren, damit wir wissen, wie die Schneekugel dorthin gekommen ist.«

Als es richtig schön schneite, waren die Kinder im Gruppenraum nicht zu halten. Sie kugelten sich im Schnee und konnten ihn mit allen Sinnen erfassen: Er wurde aufgewirbelt, gefühlt, gespürt, gekostet, betrachtet und hautnah erlebt. Die Lupen kamen zum Einsatz, und erste Untersuchungen fanden statt...

Nico und Sebastian: »Die Mimi isst Schnee!«

Mimi: »Ja, und der Schnee schmeckt mir. Ich hatte Hunger.«

Sebastian: »Schnee ist doch nichts zum Essen!«
Nico: »Weil der aus Wasser ist.«

Ich mischte mich in das Gespräch ein und erklärte, dass der Schnee in Wirklichkeit nicht so sauber sei, wie er aussehe. Damit hatte ich bei Mimi keinen Erfolg. Der Schnee schmeckte ihr, und sie aß weiter. Nicos, Jans und Sebastians Neugier hatte ich allerdings geweckt.

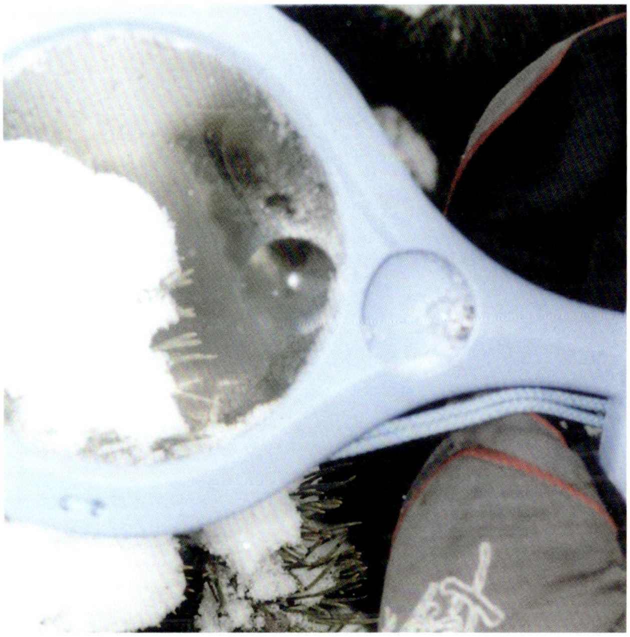

Es war mir klar, dass ich nun den Wahrheitsbeweis antreten musste. Mit freiem Auge war das schwer, und auch mit der Lupe war nicht wirklich etwas zu sehen. Aber ich hatte Glück – man überließ uns leihweise für eine Woche ein hochwertiges Mikroskop, durch das sichtbar wurde, was man sonst nicht sieht. Zum Beispiel, dass der schöne, weiße Schnee schmutzig ist. Die Kinder waren schon von der Größe des Mikroskops beeindruckt.

Mimi: »Ein Miskop!«
Sebastian: »Mikroskop!«
Judith: »Du hast gesagt, wir wollen den Schnee untersuchen.«
Mimi: »Der Schnee ist weiß und schön.«
Judith: »Der Schnee ist schmutzig.«
Mimi: »Nein, der ist schön!«
Nico: »Innen ist der Schmutz. Das sieht man beim Wasser.«
Sebastian: »Zuerst hab ich gar nichts gesehen. Aber da hat man ein bisschen drehen müssen, und dann hat man was gesehen.«
Dominic: »Ich hab hineingeschaut und das Eis gesehen.«
Nico: »Wenn man länger hineinschaut, sieht man, wie der Schnee schmilzt.«
Mimi: »Weil die Hand warm ist.«
Magdalena: »Draußen schmilzt er auch, wenn's wärmer wird.«
Judith: »Der Schnee, der so liegt, schmilzt schneller, weil er dünner ist.«
Nico: »Der Schneeball ist fester und hart. Deshalb schmilzt er langsamer.«

Am liebsten wollten alle Kinder zugleich durch das Mikroskop schauen. Da hatte Nico die Idee mit der Sanduhr: Jeder darf so lange beobachten, bis der Sand ein Mal durchgelaufen ist. Es funktionierte!

Weitere Experimente mit Schnee und dem Mikroskop folgten. Schmelzprozess-Erfahrungen wurden so lange gemacht, bis vom Schnee nichts mehr übrig war. Ein paar Schmutzpartikel im Schmelzwasser waren sogar mit freiem Auge sichtbar.

Nico: »Ich hab was entdeckt! Der Schnee ist wirklich schmutzig! Da ist wirklich Schmutz drin.«

Mimi: »Ich habe auch was entdeckt! Wenn man solche großen Kugeln macht, dann schmilzt der Schnee nicht so schnell.«

Nico, Mimi, Julia und Tanja wollten ausprobieren, wo der Schnee schneller schmilzt: auf der Terrasse, am Fensterbrett, auf der Heizung, in der Hand...

Jan: »Das kann ich euch gleich sagen: Dort, wo es am wärmsten ist!«

Nico: »Das wissen wir ja, aber wir wollen dabei zuschauen.«

Das Mikroskop erfreute sich größter Beliebtheit, und die Kinder bedauerten es sehr, dass wir es wieder abgeben mussten. Da bisher hauptsächlich Schnee untersucht wurde, ermutigte ich die Kinder, auch andere »Winzigkeiten« unter dem Mikroskop zu betrachten.

Mimi kam mit verschiedenen Nüssen, mit Steinchen, Knöpfen, Perlen, Gewürzen, Salz...

Jan: »Verflixt, jetzt habe ich's daheim vergessen! Zum Glück habe ich ein Geld in der Tasche. Ich wollte das immer schon mal untersuchen.«

Kinder, die auch vergessen hatten, etwas mitzubringen, suchten und fanden im Gruppenraum alles Mögliche, das sich unter dem Mikroskop betrachten ließ.

Julia untersuchte ein Steinchen aus dem Blumentopf: »Jetzt hat es sich ein bisschen vergrößert, dabei ist es so klein.«

Nico untersuchte Wolle: »Jetzt ist die weiße Wolle noch weißer geworden.«

Nikola: »Die Fäden sind größer geworden. Wenn sie größer sind, sieht man sie besser.«

Mimi: »Es sieht wie ein Spinnfaden aus, dabei ist es nur ein Faden.«

Nico: »Ich möchte jetzt ein Blatt untersuchen. Schaut mal, wie toll das Blatt ausschaut! Da sind so weiße Punkte, die zuerst gar nicht da waren. Da sieht man, was vorher gar nicht da war.«

Jan: »Ja, weil das Mikroskop alles vergrößert. Zum Beispiel sieht man den Schmutz, obwohl man glaubt, dass keiner da ist.«

Während die Kinder alles Mögliche untersuchten, wachte Nikola mit der Sanduhr...

Was passiert, wenn Wasser gefriert?

Sinkt die Temperatur an der Oberfläche eines offenen Wasserkörpers auf den Gefrierpunkt, erniedrigt sich beim Abkühlen auch die Dichte des Oberflächenwassers. Es sinkt nach unten und wird durch das darunter liegende wärmere Wasser ersetzt. Schließlich erreicht der gesamte Wasserkörper eine einheitliche Temperatur von 4 Grad Celsius. Bei dieser Temperatur hat Wasser die größte Dichte (Anomalie des Wassers).

Wird das Wasser weiter abgekühlt, erniedrigt sich seine Dichte wieder. An der Oberfläche bildet sich Eis.

Aufgrund dieser Dichteunterschiede gefrieren Wasserkörper von oben nach unten, anstatt von unten nach oben.[10]

In der Atmosphäre kommt Eis als Eiswolke, Schnee, Hagel und abgelagert als Raureif vor. Auf dem Land als Firn – mehrjähriger, durch häufiges Schmelzen und Wiedergefrieren körnig gewordener Schnee, der bei fortschreitender Verfestigung zu Firneis und schließlich zu Gletschereis wird – und Gletscher sowie in Polargebieten als Inlandeis, zum Beispiel vor Grönland und Alaska.

In den polaren Meeren werden Eisschollen durch Seegang und Wind zu Packeis zusammengschoben und aufgetürmt, Treibeis und Eisberge werden durch die Strömung transportiert.[11]

Eis-Experimente

Gleich am Morgen füllten wir Eiskugelbeutel mit Wasser und legten sie ins Gefrierfach. Am liebsten wären die Kinder in der Küche sitzengeblieben, um dem abgefüllten Wasser beim Gefrieren zuzuschauen. Einige Eiswürfelbehälter hatte ich schon vorbereitet, um die Geduld der Kinder nicht überzustrapazieren.

10 Encarta Enzyklopädie
11 Knaurs Lexikon, Band 4

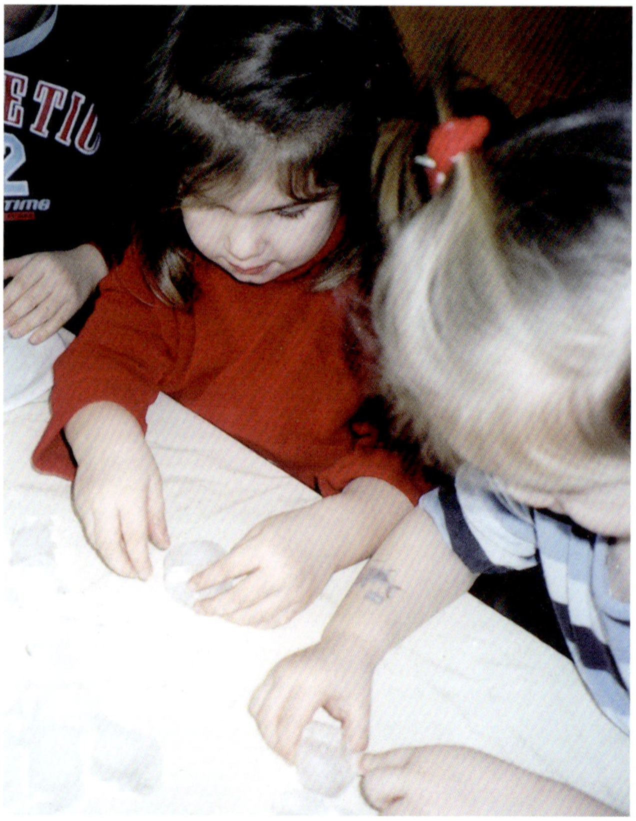

Was sind Eiskristalle?

Eiskristalle sind symmetrische Formen gefrorenen Wassers. Sie bilden sich in der Atmosphäre als Schneekristalle. An Glasscheiben bilden sie Eisblumen. Leider sieht man heute kaum noch Eisblumen, die Fenster sind alle zu gut isoliert.

Bei langsamer Abkühlung feuchter Luftmassen und Temperaturen nur wenig unter dem Gefrierpunkt bilden sich bevorzugt sechsstrahlige Sterne mit dünnen Spitzen.

Allen Kindern, die beim Wassereinfüllen nicht dabei waren, erzählte Mimi: »Da haben wir Wasser in Säcke gefüllt, einen Knoten gemacht, und dann haben wir's in die Küche gebracht.«

Mario: »Habt ihr es ins Gefrierfach gelegt?«

Judith: »Da ist es sehr kalt.«

Mario: »Eiskalt!«

Judith: »Es soll auch sehr kalt sein, sonst wird's ja kein Eis.«

Nikola: »Wann holst du denn das Eis?«

Mimi: »Wir sind bereit!«

Nur die Eiskugeln waren noch nicht bereit. Aber meine vorbereiteten Eiswürfel waren es. Ich holte sie, und alle Kinder stürzten sich darauf. Anfangs versuchten sie, mit den Eiswürfeln zu bauen. Mit ein wenig Salz ging das auch. Aber nicht lange, denn die Kinderhände waren zu warm, und die schmelzenden Eiswürfel flutschten weg.

Jan: »Zuerst waren die Würfel kalt, aber dann so tropfig, so glitschig...«

Jakob: »Auf einmal war der Eiswürfel weg...«

Julia: »Ja, der ist geschmolzen.«

Sebastian: »Schwimmt das Eis oder nicht?«

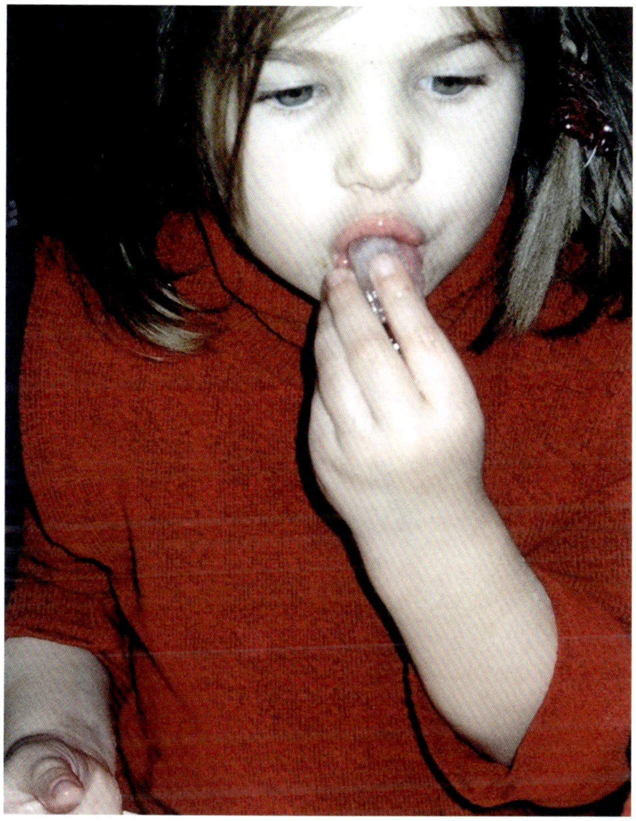

Wir probierten es aus.

Sebastian: »Ich hab gedacht, dass das Eis nicht schwimmt.«

Jan: »Aber das kann nicht sein, weil Wasser schwerer ist!«

Mario: »Und das Eis ist leichter.«

Julia: »Ich hab in meinem Buch ein Bild von einem zugefrorenen See.«

Jan: »Und die Eisbrocken schwimmen auf dem Wasser, weil das Eis leichter ist als das Wasser. Hab ich eh schon gesagt.«

Sebastian: »Und im Eismeer schwimmen Eisberge.«
Jan: »Die sind gefährlich für die Schiffe!«

Die Eiswürfel durften so lange im Wasser schwimmen, bis sie nicht mehr zu sehen waren.

Nico: »Jetzt haben sie sich mit dem Wasser in der Schüssel vermischt.«

Mimi: »Und das Wasser ist so schön kalt. Ich mag so gern in ganz kaltes Wasser greifen.«

Sie griff nicht nur hinein, sondern schüttete zu guter Letzt alles aus. Nun waren die Eiswürfel endgültig verschwunden.

Eiszauberer

Endlich waren die Eiswürfel gefroren, und ich holte sie aus dem Gefrierfach. Zuerst wurden die Beutel untersucht. Dann wurden alle Eiskugeln aus den Beuteln herausgelöst und einzeln »weggezaubert«. Dazu brauchte man nur eine warme Hand. Alle hatten Kinder hatten Spaß daran, bis auf Roman.

Roman: »Mir gefällt das Eis besser, weil es so kalt ist. Wenn es geschmolzen ist, ist es so nass.«

Sebastian: »Das Eis ist trocken, aber es wird in der Hand nass, und die Hände werden ganz rot.«

Julia: »Das muss so sein, weil das Eis so kalt ist. Deswegen ziehen wir ja Handschuhe an, wenn wir in den Garten gehen.«

Nico: »Es wird nass und nasser und immer nasser. Und auf einmal ist immer, immer wieder mehr Wasser geworden.«

Judith: »Aber kalt ist es auch!«

Emina: »Bei mir ist das Eis so schön in der Hand. Ich mag das.«

Dominic: »Der Roman mag nicht nass werden. Ich schon!«

Nico: »Wenn man die Hände länger im Eis hat, dann werden sie kalt und immer kälter.«

Judith: »Und dann kann man sie kaum noch bewegen.«

Sebastian: »Wenn's dann wärmer wird, kitzelt es so komisch.«

Roman: »Bei mir auch.«

Roman blieb lange Zuschauer. Er wurde von den Kindern aufgefordert, mitzutun, aber er lehnte ab. Es war ihm zu kalt und zu nass. Doch auf einmal wich seine Skepsis und machte Platz für den Spaß, den er dann hatte. Kälte und Nässe waren vergessen.

Jedes Kind durfte in den Eiskugeln wühlen, sie fühlen, sie in die Hand nehmen, schmelzen lassen und zusehen, wie die Kugeln kleiner und flüssiger wurden.

Es folgte ein Erfahrungsaustausch über die Empfindungen: Kälte, Nässe, Vorlieben... Und natürlich schwamm alles.

Leider konnten wir das Eis nicht bis zur Neige verwerten; das Mittagessen kam. Was tun?

Nico meinte, wir könnten es wieder ins Eisfach geben und morgen weitermachen.

Sebastian: »Das ist eine gute Idee. Wenn ich ins Eis greife, spüre ich unten nämlich schon Wasser.«

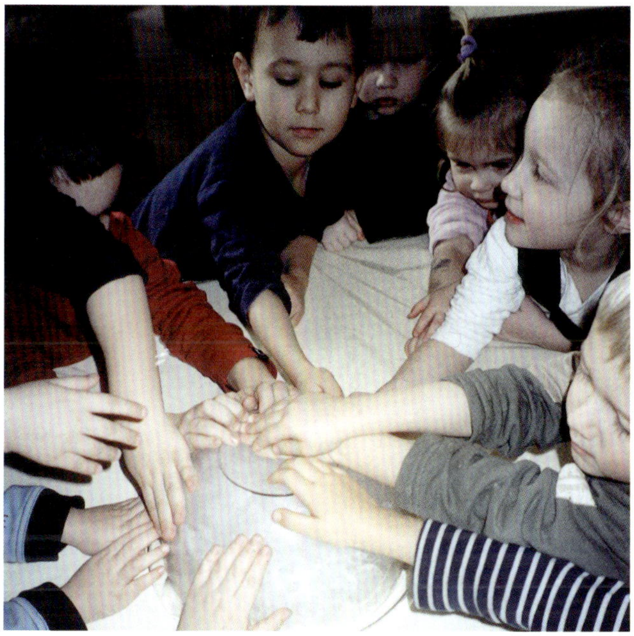

Mario: »Ja, weil das Eis in der Wärme schmilzt.«

Am nächsten Tag wurden die Eiskugeln, die 24 Stunden im Gefrierfach waren, schon erwartet.

Nico: »Das ist wie eine Torte.«

Sebastian: »Ja, eine Kirschtorte, eine Eiskirschtorte.«

Andere Namen für das kalte Gebilde fielen den Kindern ein: Eisscholle, Eisbrocken, Eiskuchen, Eiswürfelkuchen, Eiskugelkuchen, Eisberg...

Die Eiskugeln waren in der Schüssel festgefroren und ließen sich nicht gleich lösen. Zuerst wurde die Schüssel, dann das Eis begutachtet. Schließlich hörte man das Eis knacken.

Nico: »Eis kann man hören.«
Jan: »Kälte kann man fühlen.«

Durch die Wärme der Kinderhände löste sich das Eis aus der Schüssel. Es wurde wieder berührt, gefühlt, es knackte im Innern, es begann, nasser und rutschiger zu werden. Die Eigendynamik des Eisgebildes begeisterte die Kinder, und die Reise der Eiskugel von einem Kind zum anderen begann. Dies hinterließ natürlich Spuren.

Jan: »Das ist ein drehender Eisberg!«

Sebastian: »Wir bekommen gekühlte Hände.«

Als sich die ersten Eiskugeln lösten, sagte Mario: »Jetzt schmelzen sie ab.«

Nun versuchten die Kinder, die Eiskugeln zu trennen. Ohne Erfolg, denn der Eisklumpen war ziemlich groß. Nico, Sebastian, Jan und Nikola schoben sich den Eisbrocken gegenseitig zu.

Später sagte Nico beim Betrachten der Fotos: »Das war lustig, da haben wir Eishockey gespielt.«

Sebastian: »Wir waren die Black Wings.«[12]

Nico: »Das war super!«

Sebastian: »Ja, wir waren die Gewinner! Die anderen waren die Grazer, die verlieren oft. Gegen Wien und Kärnten haben sie auch verloren.«

Die Kinder schlugen vor, den Eisbrocken zum Pritscheltisch zu bringen, auf dem er noch einen Tag und eine Nacht vor sich hin taute.

»Das Eisschloss«[13] heißt ein bei den Kindern – vor allem der Illustrationen wegen – sehr beliebtes Bilderbuch. Immer wieder sollte ich daraus vorlesen, oder einzelne Kinder zogen sich damit in die Wasserbibliothek[14] zurück.

12 Der Linzer Eishockey-Club
13 Lembke, M./Ellermann, H.: Das Eisschloss. Lappan Verlag, Oldenburg 2001
14 Siehe Kapitel: In der Wasserbibliothek

Eines Tages wurde der Wunsch laut, so ein Schloss zu bauen. Die Kinder meinten: »Man könnte dazu Eiswürfel nehmen. Das sind ja viel zu wenige. Und außerdem schmelzen sie in der Wärme. Wenn man Schnee mit Wasser überschüttet, wird auch Eis daraus. Ja, aber da muss es ganz kalt sein. Vielleicht kann man Pappendeckel nehmen...«

Ich erzählte den Kindern, dass ich eine große Schachtel im Keller habe. Damit könnte man erst mal beginnen. Diese Idee gefiel ihnen, und als das gewaltige Ding dann in der Garderobe stand, war die Freude groß. Sofort wurde überlegt, wie aus der riesigen Schachtel ein Eisschloss werden könnte. Wie sollte so ein Schloss aussehen?

Mario: »Wir brauchen Türen, Fenster, Luken.«

Jan: »Bei einem Schloss heißt das Ausguck.«
Ich hielt mich im Hintergrund und wartete ab, ob meine Unterstützung gebraucht würde. Es dauerte nicht lange, da fragte Nico: »Schneidest du uns bitte die Tür und die Fenster aus?«

Jan: »Vergiss die Ausgucke nicht!«

Ich bat die Kinder, Türen, Fenster und Ausgucke dort einzuzeichnen, wo sie sie haben wollten. Nico hatte die Organisation in die Hand genommen. Mit ein paar anderen Kindern überwachte und beobachtete er alles genau.

Die Grundfesten des Eisschlosses bestanden aus sehr dickem, dafür aber auch sehr stabilem Karton, der sich nur schwer schneiden ließ. Ich stach mir dabei in den Finger und bekam das Mitgefühl der Kinder, die mich bedauerten.

Inzwischen hatten sie sich Gedanken gemacht, wie aus dem Karton ein Eisschloss werden könnte. Der Rohbau stand schon.

Ein Kind meinte: »wir streichen es mit weißer Farbe an.«

Jan: »Brigitte, hast du noch von dem Papier, aus dem wir die Eiszapfenbilder gemacht haben?«

Ja, ich hatte noch welches.

Nico hatte schon Kleister und Pinsel vorbereitet: Es konnte losgehen!

Ein paar Kinder kleisterten, die anderen pappten die Papierstreifen – »Das sind unsere Eissteine!« – auf den Karton. Es war ein Kommen und Gehen, jeder wollte »Eis aufkleben«. Nico war immer dabei.

Jan: »Simona, du musst größere Stücke nehmen! Ich glaub, sie traut sich noch nicht.«
Dominic: »Mario, kommst du?«
Mario: »Ich hab jetzt keine Zeit. Ich muss mir noch was überlegen.«
Jakob: »Normal bin ich der Wasserchef, aber jetzt bin ich hier...«
Mario: »Jetzt weiß ich's: Ein Eisbaumeister!«
Judith: »Wir sind alle Eisbaumeister, ich bin ja auch dabei.«
Nico: »Eis hat auch eine Farbe.«
Sebastian: »Eisweiß.«
Jan: »Durchsichtig.«
Nico: »Aber nur, wenn's dünn ist.«
Jan: »Wenn's dicker wird, sieht man immer weniger. Da wird es ganz-dick-weiß.«
Sebastian: »Die Kokosnuss ist innen auch weiß.«
Jan: »Ja, die Kokosmilch.«
Nico: »Es ist ein Weiß wie bei der Milch. Die ist auch Wasser.«
Jan: »Meinst du vielleicht milchig? Das ist eine Farbe.«
Jakob: »Wie unser Eisschloss.«
Nico: »Es wird aber heute nicht fertig.«
Sebastian: »Kein Haus wird an einem Tag fertig!«

Jan: »Wir müssen es gut trocknen lassen, sonst picken wir fest. Außerdem: Wenn wir festpicken, und wir wissen es nicht, reißen wir das Papier, nein, das Eis ab.«
Sebastian: »Wenn dann das Schloss ganz aus Eis ist, können wir noch Eiszapfen machen.«
Nico: »Spitze!«
Jan: »Da hab ich schon eine Idee! Die Eiszapfen rollen wir zusammen und kleben sie oben am Dach an.«

Als der Kleister alle und die Zeit schon ziemlich fortgeschritten war, mussten wir Schluss machen. Doch alle Kinder wollten das Schloss noch von innen besichtigen.

Nico: »Zuerst kommen die dran, die gearbeitet haben.«
Julia: »Ich hätte auch gearbeitet, aber ich hab keine Zeit gehabt.«
Nico: »Das Eisschloss ist ja noch nicht fertig. Vielleicht hast du morgen Zeit.«

Am nächsten Tag war die dreijährige Magdalena unermüdlich und beteiligte sich den ganzen Vormittag lang am Geschehen. Mario riet ihr: »Da musst du aufpassen, dass du nicht picken bleibst, weil du ein zu großer Eiszapfen wärst.«

Jan war bereits mit der Eiszapfenproduktion beschäftigt. Aber nicht nur Eiszapfen, auch Schneesterne, und Eiskristalle sollten das Eisschloss schmücken. Es wurde eifrig gerollt, gefaltet, geschnitten, geschnipselt – und diskutiert, wie die Eiszapfen am Eisschloss befestigt werden könnten. Mit Kleister, Leim oder Klebestreifen? Die Kinder entschieden sich für Klebestreifen.
Mimi: »Schön ist das Eisschloss! Aber es ist aus Karton.«
Nico: »Und das ist gut, dann schmilzt es nicht.«

Anfangs genügte den Kindern das Schloss so, wie es war. Später kam ein Vorbau aus Schachtelbausteinen dazu. Da residierten Eiskönig, Eiskönigin und Eisprinzessin bereits.
Am liebsten wollten alle Kinder zur gleichen Zeit im Schloss sein. Weil dies nicht möglich war, wurden »Eisschlossregeln« aufgestellt:

Ich war sehr erstaunt über diese ausführlichen Regeln. So streng wäre ich nicht gewesen.

Ob sich alle Kinder daran halten würden? Ich würde sie daran erinnern...

Die Eisschlossregeln

- Nichts kaputt machen.
- Nichts zerreißen.
- Nichts herunterreißen.
- Nicht mit dem Fuß hintreten.
- Nicht die Fenster fest aufreißen.
- Kein Papier herunterreißen.
- Nicht mit der Schere hinein schneiden.
- Die Eiszapfen nicht herunterreißen.
- Wenn ein Eiszapfen herunterfällt, wieder ankleben.
- Eiszapfen nicht berühren.
- Nicht wild sein.
- Nicht im Schloss kämpfen.
- Keine Sessel hineinstellen.
- Nichts hineinwerfen, denn wenn einer drin ist, mag er das nicht.
- Beim Abholen gehen wir nicht hinein, sonst findet uns die Mama nicht.
- Schneesterne und Eiskristalle nicht verwutzeln.
- Nicht so viele Kinder dürfen drinnen spielen, nur zwei oder drei.

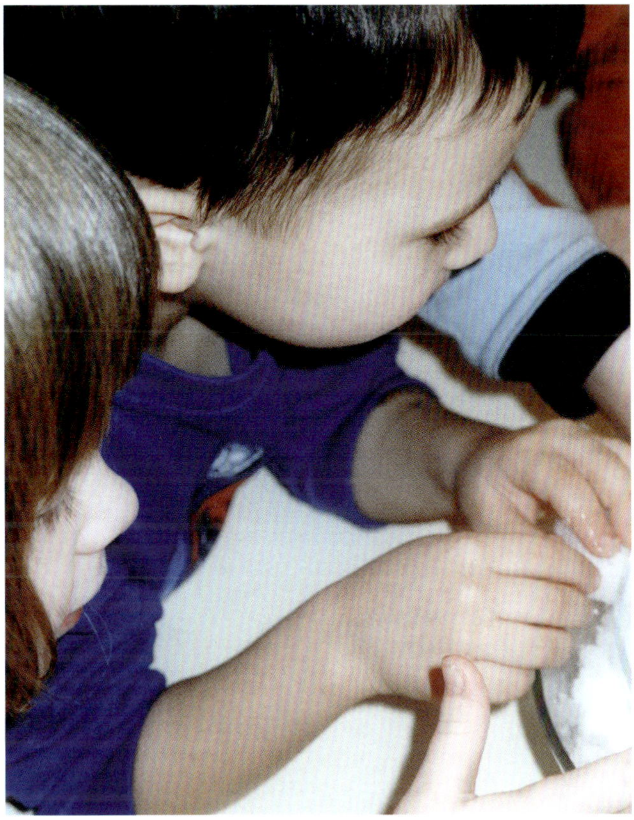

Man nehme:

- 1 Schüssel voll Schnee,
- 1 Handvoll Kochsalz,
- 1 Schüsselchen Wasser

Man mische das Salz unter den Schnee. Was passiert?

Der physikalische Prozess: Salz löst sich im Schnee (Wasser) und braucht dazu Energie. Diese Energie wird von der Umgebung genommen, weshalb die Umgebung abkühlt, in unserem Fall das Schnee-Kochsalz-Gemisch. Man nennt dieses Phänomen Lösungskälte.

Die entstehende Salzlösung gefriert ihrerseits bei einer tieferen Temperatur als das reine Wasser, weshalb die Schnee-Kochsalz-Mischung gleichzeitig kälter und flüssiger wird. Darauf beruht übrigens auch die Wirkung von Streusalz auf den Winterstraßen.

Die Eismacher

Dass wir imstande wären, ohne technische Mittel, im warmen Raum aus Wasser Eis zu machen, das glaubte niemand. Also musste ich den Beweis antreten. Mein Mann, der Chemiker ist, beriet mich.

Wir nutzten das Experiment (siehe oben) zur Bildung von Eis bei einer Raumtemperatur von cirka 22 Grad Celsius. Es wurde immer kälter und wir konnten der Verwandlung von Wasser in Eis zusehen.

Jan: »Man spürt schon was.«

Mimi musste natürlich den salzigen Schnee kosten.

Nico verfolgte den Prozess staunend: »Ich hätte nicht geglaubt, dass wir das können...«

Wasser im Advent? Warum nicht? Zum Beispiel im Adventskalender: Beim Schnipseln entstanden Schneesterne und Eiskristalle. Daraus erwuchs der »Silberne Baum« mit (gefüllten) Eiskristallen.

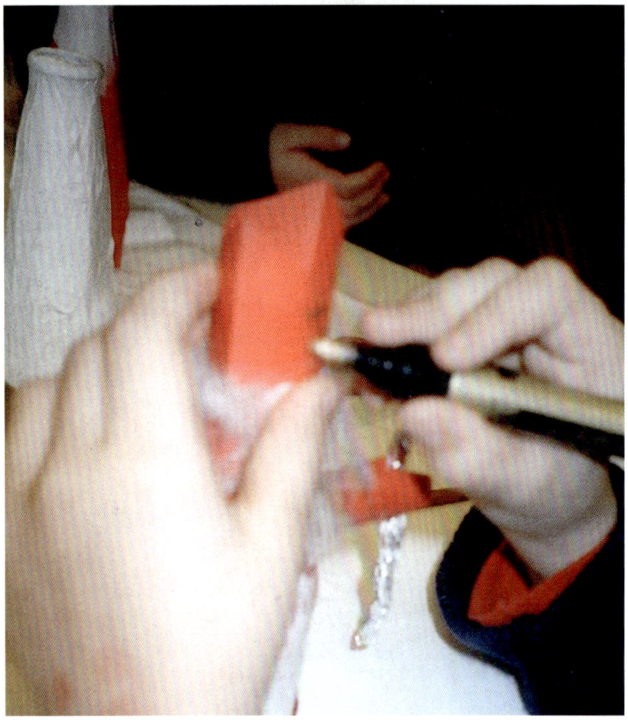

Am Nikolaustag hatte Nico seinen Nikolaus aus dem vergangenen Jahr mitgebracht. Nun wollten alle Kinder so einen Nikolaus haben.

Von den Kindern in Streifen gerissenes weißes Papier wurde mittels Kleister, von den Kindern angerührt, auf Gläschen kaschiert. Nach dem ersten Trocknungsvorgang kam rotes Seidenpapier dazu, und nach erneutem Trocknen gestaltete jedes Kind seinen Nikolaus.

Jan: »Habt ihr schon bemerkt, dass der Kleister aus Wasser gemacht wird?«

Mimi: »Aber man darf nicht zu viel nehmen, sonst gibt es eine Überpatzung.«

Judith: »Ich freu mich auf Weihnachten!«

Mimi: »Ich auch, weil Weihnachten so schön ist.«

Irgendwer erzählte, dass es am Christkindlmarkt Tannenbäume gibt.

Jan: »Ja, und ein Baum braucht Wasser!«

Sebastian: »Hätten wir kein Wasser, hätten wir keinen Christbaum.«

Kleister wurde auch für die Weihnachtsüberraschungen verwendet, die die Kinder für ihre Eltern gestalteten. Wir hatten unterschiedliche Gläser und Flaschen gesammelt, die mit roten, grünen und violetten Seidenpapierstückchen kaschiert wurden. Während sie trockneten, wurden Drahtgebilde gebogen, mit Tesa-Krepp umwickelt, vergoldet und später über die kaschierten Glasobjekten gestülpt: Weihnachtsvasen. Was füllt man ein? Wasser.

Nicht nur in der Weihnachtszeit waren Aquarelle bei den Kindern äußerst beliebt. Eine kleine oberösterreichische Papierfabrik in der Nähe von Ried im Innkreis, die Spezial-Aquarell-Papiere produziert, hatte uns so viel Material für unser Papier-Projekt zur Verfügung gestellt, dass immer noch genug davon vorhanden war.

Nico malte, andere Kinder waren mit dem Vergolden ihrer Drahtkreationen beschäftigt. Da spritzte etwas Goldfarbe auf Nicos Blatt...

Nico: »Das schaut jetzt aus, als ob ein Stern ins Wasser gefallen ist.«

Sebastian: »Genau! Das probiere ich jetzt auch aus.«

Ich besorgte Goldstaub, und schließlich entstanden unzählige Weihnachtskarten und viele Bilder.

Was mit den Weihnachtskarten begann, setze sich in Experimenten mit Wasser und verschiedenen Farben fort. Das Auseinanderfahren der Farben, ihr Ineinanderfließen und Vermischen faszinierte die Kinder. Besonders beliebt war dabei die Pipette. Nicht nur bei Jan: »Super! Da kann man wieder was aufsaugen, wenn man zu viel erwischt.«

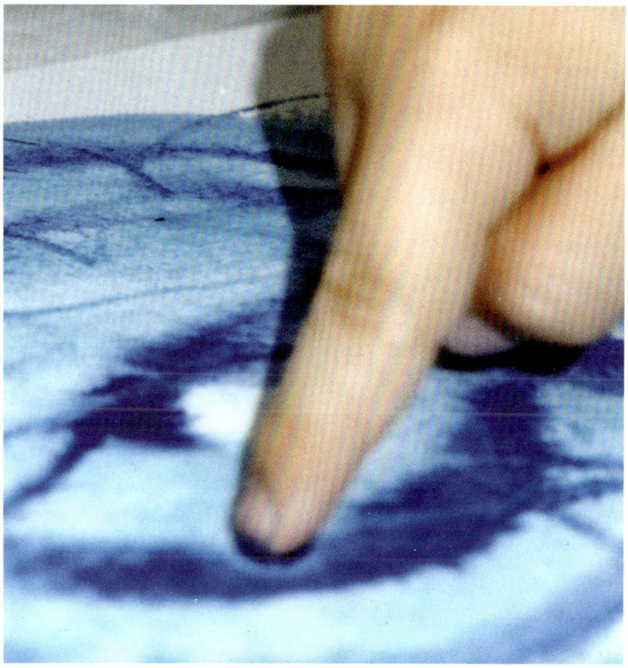

Das Wasserlabor

Die naturwissenschaftliche Früherziehung war mir schon immer ein Anliegen und längst Teil meines Bildungsauftrags geworden. Deshalb ist ein Labor in meiner Gruppe fester Bestandteil der »vorbereiteten Umgebung« und ein Ort, der die Kinder zu autonomem Denken, Handeln und Experimentieren anregen soll.

Als wir den Gruppenraum wechselten, gingen wir auf Standortsuche für das Labor. Es war gar nicht so einfach, den richtigen Platz zu finden. Schließlich einigten wir uns darauf, die Malecke umzugestalten. Die Option, mit dem Labor im Raum jederzeit umziehen zu können, blieb erhalten.

Was gehört zu einem Labor?

Die nachfolgenden Antworten kamen von den Kindern. Sie erinnerten sich an das »Farblabor«.

- Glasröhrchen (Eprouvette, Reagenzglas, Proberöhrchen),
- Wasser,
- verschiedene Gefäße (Gläser, Flaschen),
- Zaubertränke,
- Überschwemmungen,
- Pfützen,
- Wasserlachen,
- Laborgefäße (Dreihalskolben, Erlenmeierkolben, Messgläser, Messpipetten, Bechergläser),
- Pipetten,
- Trichter,
- Plastikbecher,
- Löffel und Glasstäbe,
- Tabletts,
- Lupen und Spiegel,
- ein Mikroskop,
- Trinkhalme zum Sprudeln,
- Lappen zum Aufwischen,
- Farben, um Wasser zu verändern...

Vieles war vorhanden, einiges musste ich besorgen. Erfahrungswerte aus den vergangenen Jahren zeigten, dass die Bedenken mancher Kritiker, Glasgefäße seien wegen erhöhter Verletzungsgefahr zu gefährlich für Kinder, völlig unbegründet sind. Wenn sich jemand verletzte, war ich es, weil ich beim Reinigen der hauchdünnen Eprouvetten nicht aufgepasst hatte. Kinder gehen mit Glas äußerst sorgsam um.

Gemeinsam richteten wir unser Wasserlabor ein, betrachteten die Gefäße und Utensilien, besprachen ihre Funktionen und stellten Labor-Regeln auf:

Die Labor-Regeln – Vorschläge der Kinder

- Nur zwei oder drei Kinder dürfen gleichzeitig ins Labor: »Mehr Kinder haben keinen Platz.«
- Mit den Laborgefäßen vorsichtig umgehen: »Sie sind aus Glas.«
- Die Eprouvetten immer in den Ständer zurückstellen: »Sonst rollen sie hinunter, und dann sind sie kaputt.«
- Immer ein Tablett nehmen: »Sonst haben wir eine Überschüttung«, sagt Mimi.
- Nicht schütten, sondern träufeln oder tröpfeln.
- Nichts in den Mund nehmen.
- Wenn man das Labor verlässt, alles ordentlich hinstellen: In einem Labor darf keine Unordnung sein.

Was haben Kartoffeln mit Wasser zu tun?

Als wir uns über Früchte, die im Herbst geerntet werden, und über Kartoffeln unterhielten, erzählte ich den Kindern, dass diese braunen Knollen sehr viel Wasser enthalten. Also befassten wir uns bei unserm ersten Experiment im neuen Labor mit den Kartoffeln.

Woraus besteht eine Kartoffel?[15]

- 65 bis 80 Prozent Wasser,
- 10 bis 30 Prozent Stärke,
- 2 Prozent Rohprotein,
- Rohfett,
- Zucker,
- Spurenelemente,
- verschiedene Vitamine.

»Man kann auch Erdäpfel dazu sagen«, wussten die Kinder.

»Was passiert mit dem Wasser in der Kartoffel?« wollten die Kinder wissen. Deshalb starteten wir einen Versuch: von der Kartoffel zum Kleister. Kartoffeln wurden ausgesucht, begutachtet, besprochen, geschält, gerieben... Alle kamen an die Reihe, aber die Kartoffelreibe-Begeisterung nahm ab, als die Kinder merkten, dass diese Tätigkeit leichter aussah, als sie war.

Nico: »Da muss man aufpassen, dass man die Finger nicht mit reibt.«

Niklas: »Wenn's kleiner wird, reib ich. Weil ich das schon kann.«

15 Österreichisches Lexikon, Bd. 9

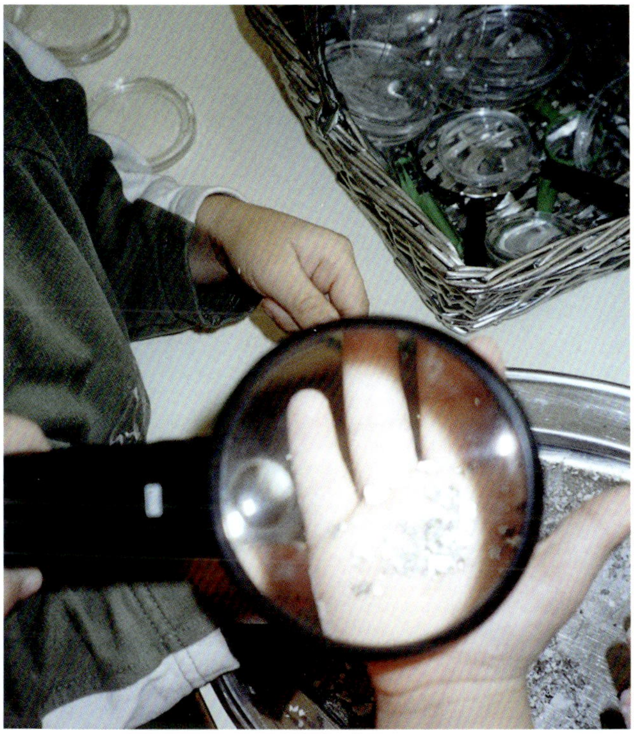

Nico: »Glaubst du, ich kann das nicht?«

Niklas: »Jetzt sieht man schon, wie viel Wasser in der Kartoffel ist.«

Der Kartoffelbrei wurde mehrmals in Wasser ausgewaschen und dabei von den groben Fasern befreit. Wir gaben das Kartoffelwasser auf eine Platte und harrten der Dinge, die da kommen sollten. Immer mehr Flüssigkeit verdunstete… Was blieb übrig?

Alles, was von der Kartoffel blieb, war eine weißgraue, trockene Masse.

Tanja: »Wenn wir wieder Wasser dazu geben – wird es dann wieder eine Kartoffel?«

Nico: »Nein, weil wir ja keine Schale mehr haben.«

Die eingetrockneten Reste der Kartoffeln wurden von der Platte gekratzt und unter der Lupe betrachtet. Danach wurde alles im Mörser fein zerrieben.

Nico: »Jetzt ist eine Stärkung draus geworden.«

Mario: »Wenn man's unter der Lupe sieht, schaut's aus wie eine Baustelle.«

Niklas: »Riechen tut's ein bisschen nach Erdäpfeln.«

Nico: »Ich hab es genau gesehen, sonst tät ich nicht glauben, dass das einmal eine Kartoffel war.«

Die fein zerriebene Kartoffelstärke wurde nun mit ein wenig Wasser vermischt und aufgekocht. Was passierte?

Naemi: »Ein bisschen weicher ist es jetzt, aber essen kann man's nimmer. Nur wenn's in den Kartoffeln drin ist. Jetzt ist es nämlich Kleister!«

Mimi: »Gib mir die Lupe, dann sehe ich, dass es ganz weich ist.«

Julia: »Warum rührst du denn immer?«

Naemi: »Weil das so weich ist. Meine Mutter hat das noch nie gemacht.«

Jan nahm mit dem Finger eine Probe und betrachtete sie unter der Lupe: »Das muss ein Kleister sein, weil da so weiße Tupferl drin sind.«

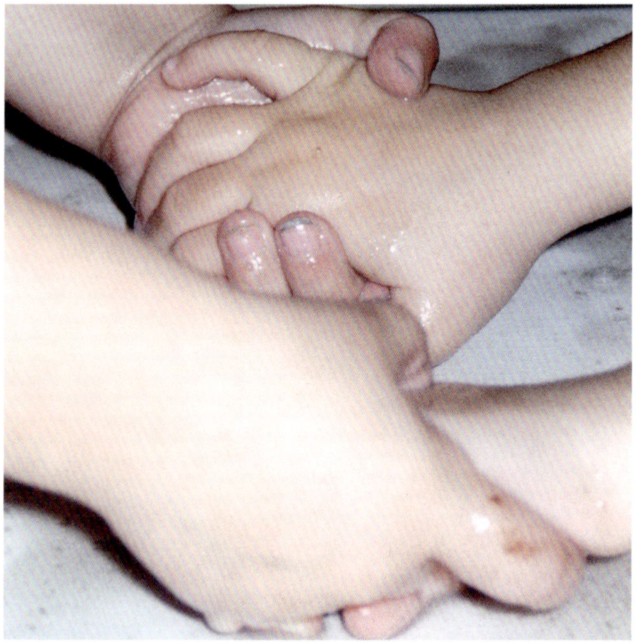

Ich erzählte den Kindern, dass Kartoffelstärke in vielen Lebensmitteln enthalten ist. Zum Beispiel im Pudding. Die abgekühlte Masse strichen wir auf eine Platte. Erst wurde zaghaft hingetupft...

Naemi: »Es fühlt sich an wie Schleim. Ein Schleimmonster.«

Jakob: »Ich geh mich waschen. Ich mag's gar nicht mehr angreifen.«

Nikola: »Das ist saftig!«

Naemi: »Gar nicht, das ist Leim. Es fühlt sich an, als ob man am Finger eine kleine Punktplatte hätte. Jetzt mach ich ein Muster.«

Andere Kinder kamen dazu, beobachteten Naemis Aktionen interessiert, aber niemand wollte in den grauen Matsch greifen.

Mimi: »Und wo hast du das gelernt?«

Naemi: »Gar nicht. Das kann ich!«

Mimi zog sich ihren Pullover aus, krempelte die Ärmel hoch und machte mit: »Ich hab mit der Naemi so viel Spaß!«

Dann kamen Geräusche dazu, Gesang und Bewegung.

Ursprünglich hatte ich nicht vor, den Erdäpfeln so viel Platz einzuräumen, aber die Kinder hatten anders entschieden. Niklas erinnerte sich daran, während des Farben-Projekts einen Kartoffeldruck gemacht zu haben, und wollte »wieder einen probieren«.

Seine Schwester Naemi erzählte daheim, dass sie eine Kartoffel für das Wasser-Projekt brauche. Als sie gefragt wurde, was eine Kartoffel mit Wasser zu tun habe, meinte sie: »Wenn wir kein Wasser hätten, hätten wir keine Kartoffeln. Und Wasser ist auch drin.«

Jan: »Beim Wachsen ist das Wasser ganz wichtig!«

Naemis Kartoffel wurde auseinander geschnitten und von allen Kindern begutachtet: »Das ist wie bei einem Apfel, wenn er so saftig ist.«

Es folgten weitere Kartoffelgespräche über das Wachsen und Werden, darüber, wie und wo sie angebaut werden, wer sie anbaut, über die Bestandteile der Pflanze und der Frucht, über das Vorkommen, das Aussehen, die Ernte und die Verwendung.

Niklas schnitzte sich aus einer Kartoffelhälfte einen Druckstempel und sagte: »Da sieht man genau, dass ganz viel Wasser drin ist.«

Viele Kartoffeldruckbilder entstanden. Dabei merkten die Kinder, dass man mit den Kartoffelstempeln am nächsten Tag nicht mehr drucken konnte.

Nico: »Die Kartoffeln haben sich verändert.«

Niklas: »Sie sind geschrumpft.«

Naemi: »Aber die anderen schauen noch gleich aus. Wenn das Wasser vertrocknet, schrumpfen sie und werden braun.«

Niklas: »Wenn man die Kartoffel ins Wasser legt, wird sie wieder glatt.« Er versuchte das und stellte fest: »Ansaugen tut sich's, aber härter wird sie nicht. Ich nehme lieber einen frischen Stempel.«

Jan ergänzte seinen Druck mit Pinselstrichen: »Ich will Bäume drucken. Einen Stempel für den Stamm haben wir nicht, aber mit dem Pinsel geht es auch.«

Nach dem Wochenende wurden die verschrumpelten, hart gewordenen, teils verschimmelten Kartoffelstempel begutachtet. Nico: »Mit denen geht nichts mehr. Wir brauchen neue Stempel.« Er hatte auch schon eine Idee, wie man Stängel drucken kann.

Die Kinder erforschten die Kartoffel mit allen Sinnen, und es entstanden viele Aktivitäten rund um diese sympathische Knolle: Geschichten, Märchen, Rätsel, Lieder, Fingerspiele, Gedichte, Malereien, Kartoffelgespräche – und immer wieder Untersuchungen im Labor, auch mit Spiegeln.

Niklas: »Am Spiegel sieht man, wie nass die Kartoffel ist.«

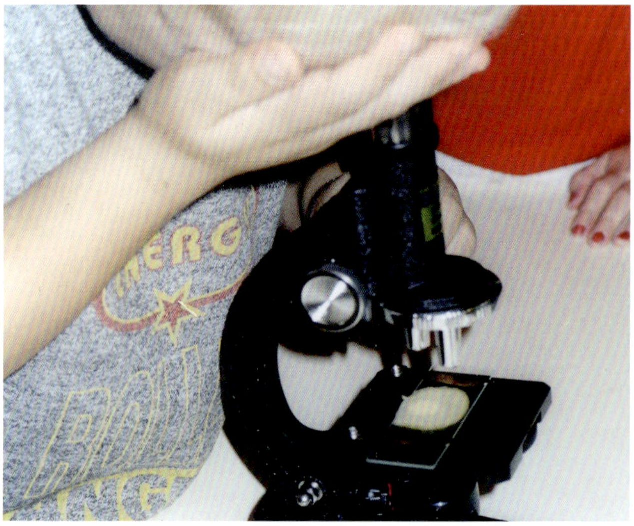

Nico: »Ja, weil da so viel Wasser drin ist.«

Niklas: »Ich hab eine Scheibe, die ist dick, aber auch dünn, und ich sehe überall was. Wenn man am Spiegel so drüber greift, spürt man die Kartoffelstärke. Am Finger spürt man sie auch, so rau. Und wenn's nass ist, dann pickt es.«

Nico untersuchte die Kartoffel scheibchenweise und mit dem Mikroskop: »Da ist so viel Wasser drin, da sind so viele Tröpfchen!«

Neben den Kartoffeln wurden auch Äpfel und Blätter betrachtet. Wörter wie trocknen, vertrocknen, verdorren, dürr werden, verdunsten, verdampfen, verschwinden wurden den Kindern vertraut. Sie entdeckten auch, dass die Schalen eine wichtige Funktion haben. »Sie beschützt das Innere«, sagte Niklas.

Wir hatten schon ein kleines Kartoffellager, weil jedes Kind welche mitgebracht hatte. Sogar aus Polen hatten wir Kartoffeln. Nach dem Betrachten, Vergleichen, Unterscheiden, Fühlen und Riechen folgte das Waschen, Kochen, Schälen und – Essen.

Niklas: »Die Erdäpfel sind voll gut! Irgendwie hat's das Wasser herausgekocht.«

Jan: »Das Wasser haben sie im Innern aufgehoben. Wenn man die Kartoffeln aufschneidet, kommt das Wasser heraus. Wenn man sie auf etwas Kaltes legt, kühlen sie ab, und dann kommt das Wasser heraus. Man sieht das zum Beispiel am Teller.«

Niklas: »Das Schälen war leicht, aber heiß waren sie schon.«

Jan: »Wenn man spitze Fingernägel hat, geht's leichter. Als du den Deckel aufgehoben hast, hat es gedampft. Immer, wenn's heiß ist, dampft es.«

Niklas: »Oder es raucht. Aber da kann man sich vergiften.«

Jan: »Ja, aber nicht beim Kochen, sondern wenn man Feuer löscht.«

Niklas: »Und das nennt man zischen.«

Jan: »Wenn man auf ein Feuer Wasser schüttet, dann zischt es.«

Jan erwähnte, dass die Kartoffeln von den Indianern kämen, aber die Kinder hielten dies für ein Märchen. Ich bestätigte Jans Behauptung und erzählte, dass das Herkunftsland tatsächlich Südamerika sei und die Kartoffeln das Hauptnahrungsmittel der Indianer waren. Spanische Entdecker brachten die braunen Knollen vor einigen Hundert Jahren, Anfang des 16. Jahrhunderts nämlich, nach Europa. Und nachdem wieder 100 Jahre vergangen waren, hatte man sie auch bei uns als Nahrungsmittel entdeckt.

In der Wasserbibliothek fanden die Kinder das Bild »Die Kartoffelesser« von Vincent van Gogh. Als ich ihnen ein Portrait des Künstlers zeigte, sagte Niklas: »Den Maler kenn ich! Das ist der van Koch!«

Wir verglichen die auf dem Gemälde dargestellte Situation mit den »Kartoffelessern« in unserer Gruppe. Dabei entstand ein Gespräch über die ganz alte Zeit, über die Kleidung, die Armut, die Lebensbedingungen der Menschen... Naemi begann, »Die Kartoffelesser« auf ihre Weise zu malen, und auch von anderen Kindern entstanden Malereien zu diesem Thema.

Das Gummibären-Experiment

Nun war es Zeit für ein Experiment. Was geschieht mit einem Gummibärchen, wenn es im Trockenen und wenn es im Wasser liegt? Verändert Wasser das Gummibärchen? Das wollten die Kinder herausfinden, legten ein Bärchen in ein Glas ohne Wasser und eins in ein Glas mit Wasser.

1. Tag:
Es tat sich nichts – beide Gummibärchen waren gleich rot und gleich groß.

2. Tag:
Ein Bärchen lag unverändert im Glas, während das andere verschwunden war. Nur ein hellroter Fleck war zu sehen. Aber bei genauerem Hinsehen war es doch da! Allerdings hatte es die rote Farbe fast gänzlich verloren. Dafür war es ums Dreifache gewachsen. Nun wurde es permanent beobachtet.

3. Tag:
Das Gummibärchen war noch größer geworden…

Naemi: »Und ein bisschen weißer.«

Jan: »Das wird sich verändern. Ich sag, dass die Farbe runtergehen wird, und es wird größer, denn Wasser verändert.«

Naemi: »Und das Wasser wird wie Gummibärenwasser schmecken.«

Niklas: »Ich hab's im Fernsehen gesehen. Aber ich weiß nicht mehr, wie es ausgegangen ist.«

Das Glas mit dem Wasser wurde geöffnet. Die Kinder rochen dran.

Sebastian: »Das riecht wie Gummibärenwasser. Das ist was für's Museum[16].«

Mit einer Pipette wurden einige Tropfen auf einen Teller gegeben, denn alle Kinder wollten wissen, ob das Gummibärenwasser auch wirklich nach Gummibären schmeckt.

4. Tag:
Folgendes stellten die Kinder fest:

Nico: »He, da ist ja gar kein farbiger Punkt mehr! Aber das Bärchen ist noch da. Es hat die gleiche Farbe wie das Wasser – so weiß.«

Niklas: »Wasser hat keine Farbe! Schau ins Museum!«

Nico: »Genau, wenn man was Weißes hinein tut, dann wird's weiß.«

5. Tag:
Neue Erkenntnisse.

Nico: »Kommt schnell! Es hat sich was verändert! Entweder es hat ein Baby bekommen, oder es ist zerbrochen.«

16 Siehe Kapitel: Das Wassermuseum

Julia und Naemi: »Das sind einfach zwei Stücke.«

Nico: »Aber vielleicht ist es doch ein Baby?«

Julia: »Ich glaub's nicht.«

Naemi: »Ich sag: Entzweigebrochen.«

8. Tag:
Julia wundert sich: »Schau, was ist denn mit dem Gummibärchen passiert? Es ist ein bisschen weiß geworden.«

9. Tag:
Niklas: »Das sind Teile, die schwimmen im Gummibärchenwasser.«

Julia: »Jetzt haben wir ein Glas mit einem Gummibärchen und ein Glas mit Stücken.«

Nico: »Ja, Stücke! Und sie schwimmen im Wasser. Das Gummibärchen hat sich verändert. Zuerst war es rot, dann wurde es rosa und größer, immer größer. Dann wurde es weiß und ist in Stücke gebrochen. Jetzt sieht man fast nichts mehr. Aber wir wissen, dass es ein rotes Gummibärchen war.«

10. Tag:
Jan: »Jetzt ist es zerfallen. Das Wasser hat das Gummibärchen aufgelöst.«

Auf meine Frage, was damit geschehen soll, waren die Meinungen geteilt. Einige Kinder waren dafür, den Inhalt des Glases wegzuschütten, andere wollten ihn aufheben. Nico: »Wenn wir das Glas ins Museum geben, können wir immer nachschauen, wo einmal das rote Gummibärchen war.« Also kam das Glas ins Museum.

Wasser verschwindet

Eines Tages stellte Nico fest, dass in einem Becherglas nicht mehr so viel Wasser war, wie er am Vortag eingefüllt hatte: »Es ist weniger geworden!«

Sebastian: »Das Wasser ist geschrumpft.«

Niklas: »Es ist verdunstet.«

Jan: »Das Wasser ist verdampft!«

Sebastian: »Das ist wie Zauberei. Es verschwindet, ohne dass es wer ausgetrunken hat.«

Niklas: »Und ohne, dass die Mimi es ausgeschüttet hat.«

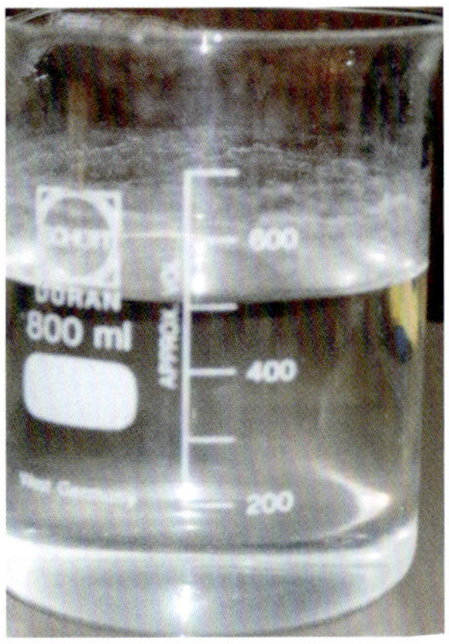

Wie kommt der Kalk ins Wasser?

Kalk ist ein wichtiger, die Gesundheit von Herz, Kreislauf und Knochen fördernder Bestandteil unseres Trinkwassers.

Kohlensäure (CO_2) in der Luft löst sich in den Regentropfen und fällt mit dem Regen auf die Erde. Diese Kohlensäure löst den unlösbaren Kalk (Calciumcarbonat) im Boden, und es wird lösliches Calciumbicarbonat daraus, das in Wasser bis 60 Grad Celsius beständig ist. Bei höheren Temperaturen zerfällt es wieder in unlöslichen Kalk (Kesselstein) und Kohlensäure.

Diesen Kesselstein finden wir in den Gefäßen vor.

Jan: »Das ist wie draußen. Da merkt man's auch nicht.«

Nun wollten die Kinder es wissen. Beim folgenden Experiment wurde genau beobachtet und gewissenhaft gemessen. Die Skala am Becherglas war eine große Hilfe.

Nach cirka zwei Wochen waren 200 Milliliter Wasser verdunstet. An der Glasinnenseite hatten sich weiße Kalkränder gebildet, und die Frage »Wo kommen denn die weißen Ränder her? Zuerst war das Becherglas doch ganz klar…« ließ nicht lange auf sich warten.

Die Erklärung, es seien Kalkablagerungen, reichte einigen Kindern, andere aber wollten wissen, wie der Kalk ins Wasser kommt. Und Nico machte sich Gedanken, wie man den Kalk wieder wegbringen könnte.

In der Folge setzten sich die Kinder – sehend, fühlend, hörend, differenzierend, durchschauend, (be-) greifend, verstehend – mit den Kalkrändern auseinander. Die Kalkablagerungen wurden untersucht.

Nico: »Dieses Weiße im Glas ist so rau.«

Naemi: »Außen ist es glatt, innen ist es rau und ausschauen tut's schmutzig.«

Jan: »Es hört sich an wie Musik, wie so ein wenig anders gespielte Gitarrenmusik.«

Wasser transportieren

Kann man Wasser transportieren? Sicher, im Glas oder im Eimer. Aber mit Fäden?

Wir versuchten, Wasser mittels Fäden von einem Gefäß in ein anderes zu transportieren. Ich bat die Kinder, verschiedene Fäden zu suchen.

1. Versuch:
Ein Synthetikfaden. Er nahm kein Wasser auf. Also konnte er nichts weiterleiten.

2. Versuch:
Ein Wollfaden. Er enthielt zu viel wasserabweisendes Lanolin (Wollfett) und war auch ungeeignet.

3. Versuch:
Ein Baumwollstreifen. Damit funktionierte es.

Nachdem es geklappt hatte, wurden immer neue Versuche gestartet.

Jan: »Es hat sich was verändert. Innen ist Feuchtigkeit.«

Nico versuchte es auch.

Jan: »Nico, das kann nicht funktionieren, weil das Wasser nicht hinauf rinnt.«

Nico ließ sich nicht entmutigen: »Ich will es trotzdem versuchen.« Er experimentierte, bis seine Bemühungen von Erfolg gekrönt waren.

Sebastian: »Zu Wasser kann man auch H_2O sagen.«

Jan: »Das hab ich schon mal gehört.«

Ich erklärte, dass es für Wasser eine chemische Formel gibt: H_2O.

Darauf Jan: »Dann sagen wir halt im Labor nicht Wasser, sondern H_2O.«

Jan: »Wenn man das Gasröhrchen schüttelt, entsteht ein Strudel und ein Wasserauge.«

Wasser und Farbe

Eines Tages fällt den Forschern ein rotes Papier ins Wasser. Weil Seidenpapier stark färbt, wird das Wasser langsam rosa. Fasziniert beobachten die Kinder diesen Prozess und erinnern sich an die Experimente im Farblabor. Jan: »Das ist so: Wasser verändert alles, aber wenn wir etwas hineintun, zum Beispiel Farbe, dann verändern wir das Wasser.«

Die Forschungsergebnisse waren ganz unterschiedlich. Manche Kinder wollten es bunt, andere hielten sich im Bereich der Wasser-Farben auf.

Ständiger Gast im Wasserlabor war die vierjährige Mimi: »Ich liebe Wasser! Ich will das Wasser auch mit Farbe verändern.« Sie holt sich Pipette, Glas und grünes Seidenpapier. »Ich gebe das ins Wasser hinein und verändere es mit dem grünen Papier – das kann ich.«

Oft hielt Mimi sich nicht an die – von den Kindern und auch von ihr – vorgeschlagenen Regeln für das Labor. Wieder einmal hatte sie den Bereich »unter Wasser gesetzt«. Die Kinder meinten, nun müsse Mimi »Wasserlabor-Verbot« bekommen. Aber am nächsten Tag war sie wieder im Labor. Als die Kinder Protest einlegten, fragte ich Mimi, ob sie sich noch an die gestrige Überschwemmung erinnere und daran, was wir vereinbart hatten.

Mimi darauf: »Weißt du, was? Heute hab ich bei meiner Oma geschlafen und da hab ich ganz was Schönes geträumt: von dir und vom Kindergarten und vom Wasserlabor. Das hab ich noch immer in meinen Augen.« Da konnte niemand widerstehen. Mimi war im Labor – und es wurde wieder ziemlich feucht.

Julia über den Zustand des Labors: »Das ist wie in einer Farbenküche.«

Nico begann, Glassteinchen in die Laborgefäße zu tun: »Damit kann man das Wasser auch verändern.« Jan und Dominic fanden Gefallen daran. Schließlich tauchte die Frage auf: Wie viel Steinchen haben in so einem Gefäß Platz? Was läuft über: Steine oder Wasser?

Nikola und Mimi stellten fest, dass Zweige im Wasser einer Glasvase anders aussehen.

Nikola: »Die Knospen sind größer.«

Jan: »Ja, weil Wasser alles verändert.«

Nico nach einer Weile: »Und das Wasser hat sich auch verändert.«

Jan: »Da schwimmt was! Ich glaube, das sind Algen.«

Die Vase wurde nun täglich beobachtet.

Judith: »Jetzt löst sich die Rinde.«

Mimi: »Das Wasser hat sich irgendwie verändert. Es ist heller geworden.«

Nikola ist mit dieser Aussage nicht einverstanden: »Es schaut schmutzig aus.«

Manche Kristalle binden Wasser (H_2O). Kochsalz ($NaCl$) macht das nicht. Natriumthiosulfat ($Na_2S_2O_3 \times 10H_2O$) jedoch schon: Kristallwasser ($10H_2O$) = gebundenes Wasser.

Solche Kristalle werden erhitzt: Das Kristallwasser wird vom Kristall getrennt und zum Lösungsmittel für Thiosulfat. Wenn man lange und hoch genug erwärmt, entsteht eine klare Lösung. Diese Lösung muss man ohne Bewegung (Erschütterung) abkühlen lassen. Es entsteht eine unterkühlte Lösung.

Wird in der Kälte geschüttelt oder die Kristallisation auf andere Weise eingeleitet, wird die Wärme, die man zum Verflüssigen gebraucht hat, beim Kristallisieren wieder frei. Das heißt, es entsteht ein heißer Kristallkuchen. Die unterkühlte Lösung ist also Wärmespeicher.

So funktionieren auch manche Sonnenenergiespeicher: Die Wärme, die im Sommer zum Schmelzen der Kristalle führt, wird im Winter durch Kristallisation wieder gewonnen. Nun wird wieder Wärme frei, die zum Heizen eingesetzt werden kann. Das heißt: Sonnenwärme im Sommer heizt im Winter.

Kristallwasser

Mit einem Experiment wollte ich den Kindern zeigen, wie sich bestimmte Salzkristalle im eigenen Kristallwasser lösen und wie wir die Kristallisation beeinflussen können.

Die Salzkristalle im Glas wurden sofort entdeckt, auf ein schwarzes Papier gegeben, und die Lupen lagen schon bereit...

Ich erklärte den Kindern, was ich zum Experimentieren mitgebracht hatte.

Nico: »Das sieht aus wie Zucker.«

Julia: »Oder Glas.«

Simona: »Eis schaut auch so aus.«

Nun erzählte ich, was es damit für eine Bewandtnis habe, was wir ausprobieren wollen und worauf man dabei achten muss. Als ich die Wärmeplatte ansteckte, wurde der Platz von den Kindern sofort mit einer Kette abgegrenzt, »damit die Kleinen nichts angreifen«. Nico zog zusätzlich mit Sesseln eine Grenze und erklärte den Kleinen, dass diese Maßnahme notwendig sei. Hinter Nicos Sicherheitslinie stehend, konnten sie trotzdem alles genau beobachten und registrieren.

Als alle Salzkristalle flüssig waren, stellten wir das Gefäß zum Abkühlen aufs Fensterbrett, denn dort würde keine Erschütterung den Prozess stören. Dem war aber nicht so, denn ausgerechnet zu diesem Zeitpunkt kamen Elektriker, die eine Neonröhre austauschen sollten.

Also begann die Erhitzungsprozedur von Neuem, die Nico und Jan genau mitverfolgten.

Nico: »Es ist schon ganz flüssig!«

Jan: »Das ist Kondenswasser.«

Diesmal klappte die Abkühlphase, und das Kristallwasser war klar. Der Kristallisationsprozess wurde ausgelöst, als Jakob ein Salzkörnchen hineinfallen ließ.

Jan: »Ich hätte nicht geglaubt, dass man so etwas selber machen kann. Das Kristallwasser ist sehr empfindlich, aber die Kristalle sind schön. Wir könnten sie ins Museum tun.«

Die Giftmischer

So machten sich die Kinder im Labor zu schaffen und fühlten sich wie Zauberer. Eines Tages sagte Jan: »Ich hab da ein afrikanisches Schlangenblut!«

Sebastian: »Und ich ein indisches Tigerblut!«

Jan: »Und das ist ein Schweizer Käsegift. Das haben wir von meinem Uropa.«

Sebastian: »Und das ist ein brasilianisches Palmengift. Der Jan hat ein Baumhaus, da hat er alle Gifte…«

Jan: »Ja, da hab ich auch ein Wurmgift. Man muss sehr sorgfältig damit umgehen, denn wenn man einen Tropfen auf den Boden fallen lässt, geschieht was Schreckliches. Mir ist das mal passiert, da war dann mein Messer verschwunden. Man kann aber auch plötzlich mitten auf der Wange ein Auge haben… Asiatisches Schlangengift habe ich auch.«

Sebastian: »Mein Opa hat aus Asien so was Goldenes mitgebracht. Da kommt dann so ein Monster heraus, ein silbernes, und zerkratzt alle Häuser.«

Jan: »Mein Opa hat ein indisches Silbergift mitgebracht. Das hat er geheim gehalten, aber ich hab's in meinem Baumhaus ganz oben versteckt.«

Sebastian: »Und wenn das Schlangengift lila ist, ist es was Gefährliches. Aber das allergefährlichste ist das slowenische goldene Schlangengift!«

Es gab noch weitere »Giftmischer«, darunter auch Simona und Mimi. Simona dämpfte Mimis Temperament mit ihren Ideen, die die Jüngere akzeptierte:

»Ich mische mit der Simona etwas Grünes, und wir machen keine Überschüttung.«

Gut sichtbar wurde der Mischprozess, wenn Kinder zwei Farben gleichzeitig in den Dreihalskolben träufelten. Um die Wirkung noch zu verstärken, bot ich den Kindern reines Wasser und konzentrierte Farbe (Tinte) an.

Mit der Pipette ließ ein Kind einen Tropfen Farbe nach dem anderen hineinfallen. Fasziniert beobachtete es, wie die Farbe »hinuntertanzte« und sich schließlich mit dem Wasser mischte.

Sebastian: »Jetzt Grün dazu!«

Jan: »Schau, jetzt greift die grüne Farbe die blaue an!«

Sebastian: »Aber jetzt vermischen sie sich!«

Jan: »Und das Wasser hat sie wieder verändert.«

Nikola: »Lass mich mal, ich will auch verändern!«

Der Luffa-Schwamm

Irgendwann schenkte uns jemand Luffa-Schwämme, einen eher walzenförmigen und einen flachgedrückten. Die Kinder beschrieben sie so: rau, trocken, kratzig, rumpelig, futzlig, ein bisschen hart, leicht, flach, die Farbe ist wie Stroh. »Es riecht nach Beton«, meinte Jan, »und ein kleiner Schlitz ist zu sehen.«

Das flache Seegurkenstück gaben wir ins Wasser, und man konnte zusehen, wie es dick und dicker wurde, bis es sich als Schwamm präsentierte.

Nico: »Jetzt ist es auch nicht mehr trocken.«

Das Stück wurde immer dicker und größer. Plötzlich stieg es auf und schwamm im Wasser.

Jan: »Wenn es dicker wird, dann saugt es unten die Luftbläschen an, steigt auf und schwimmt.«

Sebastian: »Was Schweres schwimmt.«

Jan: »Nein, was Leichtes!«

Es folgte ein Gespräch über Dinge, die schwimmen, und Dinge, die untergehen. Nikola wollte das gleich ausprobieren. Zusammen mit anderen Kindern suchte er verschiedene Dinge, um herauszufinden, was sich wie verhält. Aber darüber mehr im nächsten Kapitel – zurück zur Luffa-Gurke.

Die beiden Luffa-Gurkenteile wurden verglichen, und die Kinder wollten auch das andere Stück ins Wasserglas stecken. Das scheiterte jedoch an den Größenverhältnissen.

Simona: »Schneiden wir es halt in Scheiben.«

Judith: »Jetzt geht es ganz leicht hinein.«

Julia: »Sie schwimmen!«

Judith: »Aber sie saugen sich mit Wasser voll und gehen unter. Dann sind sie schwer. Jetzt sind sie noch leicht.«

Julia: »Jetzt werden sie groß.«

Judith: »So schnell geht das?«

Simona: »Wenn sie trocken sind, sind sie ganz hell. Und wenn sie nass sind, sind sie dunkler.«

Judith: »Ja, Wasser verändert alles!«

Am nächsten Tag entdeckte Mimi, dass der – gestern noch schwimmende – Luffa-Schwamm gesunken war.

Mimi: »Schau, der hat so viel Wasser getrunken, dass er ganz unten ist. Das hab ich noch nie gesehen! Und das riecht wie ein Geschmack.«

Magdalena kam dazu, und Mimi zeigte ihr ihre Entdeckung. Sie verglichen mit einem trockenen Schwamm.

Das Mädchen fand an diesen Experimenten Gefallen und legte erneut einen Schwamm ins Wasser, der sich am nächsten Tag ebenfalls am Boden des Wasserglases befand.

Nico: »Der hat sich mit Wasser vollgesaugt.«

Jan. »Genau! Und dann ist er immer schwerer geworden.«

Julia: »Er ist ganz schön dick geworden!«

Jan: »Zuerst war da so ein kleiner Schlitz, und jetzt schaut's aus wie ein Fernrohr.«

Immer wieder wurden im Glas mit den Schwämmen Veränderungen festgestellt. Auch mit dem nassen und mit dem trockenen Luffa-Schwamm wurde experimentiert. Dabei festigten sich Begriffe, Gegensätze wurden gefunden:

nass – trocken,
hart – weich,
flach – gewölbt,
rau – glatt,
leicht – schwer,
hell – dunkel,
schwimmen – sinken,
aufsteigen – absinken,
wasserfest – nicht wasserfest,
wasserdicht – das Wasser geht durch.

Schwimmen und Sinken

Die Erfahrungen, die die Kinder mit »Schwimmen und Sinken« bereits gemacht hatten, sollten – so lange sie Freude an diesen Experimenten hatten – gefestigt werden. Sie sollten erkennen, dass es Dinge gibt, die wie der Luffa-Schwamm zuerst schwimmen und dann sinken oder die erst untergehen und dann aufsteigen. Vielleicht würden sie herausfinden, dass dies vom Material abhängt und von der Art und Weise, wie etwas ins Wasser gelangt.

Jedes Kind bekam die Aufgabe, etwas zu finden, das schwimmt, und etwas zu finden, das sinkt.

Täglich wurden nun die unterschiedlichsten Dinge – Hölzer, Stäbchen, Zweige und andere Schätze, die auf dem Weg zum Kindergarten gefunden wurden, Kugeln, kleine Bälle, Korken, Verschlüsse, Spielzeugteile, Blättchen, Münzen – angeschleppt. Alles Mögliche wurde ausprobiert. Dabei entdeckten die Kinder, dass manche Gegenstände schwammen, dann ihre Form veränderten und sanken.
Judith: »Was schwerer ist, bleibt unten.«

Jan: »Ja, aber es muss schwerer sein als Wasser.«

Nico: »Spielen wir: Was schwimmt und was geht unter?«
Julia: »Wo alles versinkt, das ist ein Sinkwasser.«

Farbe ist schwerer als Wasser, also wird sie sinken, meinten die Kinder. Aber: Sie schwamm! Was war geschehen?

Durch das Lösen von Salz stieg das spezifische Gewicht und damit der Auftrieb (archimedisches Prinzip[17]). Je mehr Salz gelöst wurde, umso größer war das spezifische Gewicht und umso größer der Auftrieb.

Jan hatte das als erster durchschaut: »Was schwer ist, geht unter. Und Salzwasser ist schwerer als normales Wasser – weil du was hineingetan hast. Es ist auch schwerer als Farbe. Darum schwimmt die Farbe im Salzwasser.«

Gleich am nächsten Morgen wurde alles kontrolliert. Das Salz hatte sich abgesetzt.

Nico: »Schaut, das Salz ist jetzt auch gesunken.« Er rührte um, das Salz löste sich im Wasser auf, und das Wasser war nun gleichmäßig gefärbt.

Nico: »Jetzt trägt das Salz die Farbe nicht mehr.«

Jan: »Ja, jetzt ist es keine Farbe, sondern ein gefärbtes Wasser!«

Jakob schaute interessiert zu. Sebastian erklärte und demonstrierte ihm, dass Salzwasser die Farbe trägt, obwohl »die Farbe normalerweise schwerer ist als das Wasser und sich mit dem Leitungswasser vermischt. Aber da ist jetzt Salz drin. Und das Salz trägt die Farbe«. Das wollte Jakob nun auch selbst ausprobieren.

17 Siehe auch Kapitel: Schiffe versenken

Aufsteigen und Absinken

Später führten wir ein Experiment mit Rosinen in normalem Wasser und in prickelndem Wasser durch. Was passierte?

In Leitungswasser sanken die Rosinen ab und blieben unten im Glas liegen.

In prickelndem Wasser umschlossen Luftbläschen die Rosinen und ließen sie emporsteigen. Oben angekommen, platzten die Bläschen, und die Rosinen sanken zu Boden. Dieser Vorgang konnte wiederholt werden, bis die Kohlensäure ganz entwichen war. Die Kinder schauten fasziniert zu.

Simona: »Das schaut aus, als ob die kleinen Kugeln die Rosinen hochheben.«

Judith: »Und wenn sie sie auslassen, dann fallen sie hinunter wie Schneeflocken.«

Mario: »Jetzt geht's langsamer, weil nicht mehr so viel Kohlensäure drin ist.«

Wir versuchten es auch mit Salzwasser, aber die Rosinen wurden nicht getragen, obwohl die Salzlösung sehr konzentriert war. »Vielleicht sind die Rosinen für das Salzwasser zu schwer«, meinte Jakob. Diese Erklärung akzeptierten alle.

Sebastian: »Eigentlich sind die Rosinen ja schwerer, aber die Bläschen heben sie auf.«

Nico: »Und dann lassen sie sie wieder aus.«

Sebastian: »Und dann sinken sie wieder. Ich möchte mal Rosinen in Mineral kosten.« Er setzte sein Vorhaben in die Tat um und fand: »Sie schmecken knusprig. Die aus dem normalen Wasser schmecken normal.«

Nico: »Aber die im Salzwasser werden nicht so gut sein.«

Sebastian: »Jakob, wir haben alle Rosinen probiert. Am besten waren die tanzenden.«

Sebastian: »Jetzt mag ich mal die ohne Wasser probieren.«

Nico: »Die sind süß und weich und knusprig.«

Sebastian: »Aber die im prickelnden Wasser sind erst knusprig! Aus dem Salzwasser esse ich keine mehr.«

Nico: »Ich möchte gern das Wasser kosten.«

Sebastian: »Das eine schmeckt mineralig, das andere normal.«

Beim Verkosten des Salzwassers schüttelten sich beide Jungen.

Wer kennt die Rose von Jericho? Ein trockenes, kugeliges Etwas, oft vom Wind weit verweht, aus extremen Trockengebieten stammend. Bei beginnender Trockenheit krümmt sie ihre hygroskopischen Sprosse

oder Hüllblätter zur Mitte hin ein, aber schon bei geringer Befeuchtung kann die Rose sie in kurzer Zeit wieder ausbreiten. Sie ist ein Korbblütler und vermutlich von den Kreuzfahrern erstmals nach Europa gebracht worden. Ihre Heimat: Arabien, Nordafrika. Ich bekam sie geschenkt und brachte sie den Kindern mit.

Nachdem die Rose begutachtet, befühlt, von allen Seiten mit der Lupe betrachtet und untersucht, als trocken, rau, kratzig und leicht befunden worden war, setzten wir sie ins Wasser. Die Kinder vertrauten darauf, dass das Wasser die »Blüte« so verändern wird wie auf dem Bild. Denn: »Wasser verändert alles!«

Jede Veränderung wurde registriert. Nach zehn Tagen war die Rose ganz grün. Jakob wünschte sie sich zum Geburtstag und nahm sie mit.

Das Wassernetz

Zwar hatte ich dieses Phänomen in der Mallnitzer Ausstellung gesehen, hatte aber nicht vor, es den

Kindern zu präsentieren. Zum »Wassernetz« wären wir also nicht gekommen, wenn die Plastikfolie im Wasserlabor kein Loch gehabt hätte. Dieses Loch ließ gefärbtes Wasser unter die Folie dringen – und die Dinge nahmen, wie üblich, ihren Lauf. Die Kinder entdeckten die »Muster«, die sich unter der Folie bildeten...

C.B.F.T.
FIRE

»Bei manchen Festkörpern verhält sich das Wasser ›benetzend‹, das heißt, es versucht sozusagen, möglichst viel von deren Oberfläche zu bedecken. Bei anderen Körpern, wie etwa Fett oder Wachs, wölbt es sich auf und perlt ab.

Besonders stark kann sich die benetzende Tendenz entfalten, wenn das Wasser rund herum von einem Festkörper umgeben ist: zum Beispiel zwischen zwei Glasplatten oder in einem Kapillarrohr. Man spricht daher auch von ›Kapillarkraft‹.

Durch diese Kraft bewegt sich das Wasser von den feinen Haarwurzeln über die Kapillargänge in Stamm und Ästen bis zum Aderwerk in den Blättern eines Baumes.«[18]

Ich besorgte Glas- und Plexiglasscheiben. Einige Tropfen Farbe oder Tinte zwischen zwei Scheiben – und interessante Muster, die sich durch Druck oder Verschieben immer wieder verändern ließen, zogen die Kinder in ihren Bann.

Nico: »Schade, dass wir diese Bilder nicht aufheben können.«

Nikola: »Wir können die Scheiben auf Papier legen.«

Nico: »Genau! Einen Abdruck!«

Simona: »Das Wasser wandert.«

Nico konnte nicht genug bekommen. Er experimentierte und machte neue Erfahrungen. Schließlich versuchte er es mit einer weiteren Farbe. Durch gezieltes Verdrehen der Glasscheiben wurden seine Versuche automatisch mehrfarbig. Er war sehr stolz auf seine Erfindung.

18 Aus: Experimentierwerkstatt Wasser. Katalog zur Ausstellung in Mallnitz

Tinti
MINER
Fourat
Aquafina
Yanjing
Arran
Goccia
aproz
VOSS
Gerolsteiner
Zala
Devin
Oda
Kiseljak
Aqua Diva

Das Wassermuseum

Was ein Museum ist, wussten die Kinder: eine Sammlung, in der es Bilder, Gemälde, Portraits, Skulpturen oder andere Kunstwerke und Gegenstände gibt.

Sebastian: »Es gibt verschiedene Museen. Ich war schon oft im Museum.«

Jan: »Machen wir ein Wassermuseum! Da können wir das Meerwasser ausstellen.«

Nico: »Und anderes Wasser.«

Die Kinder überlegten, welches Wasser für das Museum in Frage käme: Mineralwasser, Badewasser, Seifenwasser, Meerwasser, Donauwasser, Quellwasser, Saftwasser, Leitungswasser, Schmutzwasser, Pfützenwasser, Schneewasser, Eiszapfenwasser, Eiswasser, Zitronenwasser, Schmelzwasser, Abwaschwasser, Essigwasser, Salzwasser, Zuckerwasser, Teewasser, Hochwasser, Schlammwasser, Moorwasser, Fischwasser, Klospülwasser, Duftwasser, Rasierwasser, Regenwasser, Blumengießwasser, Bachwasser, Seewasser, Zahnputzwasser, Haarwasser, Waschwasser, Nudelkochwasser, Tautropfenwasser, Tränen, Trinkwasser, Brunnenwasser, Sodawasser, reines Wasser, trübes Wasser, Heilwasser, Kaffeewasser, Kaltwasser, Warmwasser, im Labor verändertes Wasser, Sprudelwasser, Pritschelwasser, Weihwasser...

Angesichts dieser Fülle fürchtete ich, unser Museum würde aus allen Nähten platzen.

Verschiedene Exponate, die die Kinder aus dem Urlaub mitgebracht hatten, warteten schon darauf, ins Museum zu kommen.

Die Kinder hatten Gläschen vorbereitet, in die sie unterschiedlichste Wässerchen füllen wollten. Zusätze, mit denen das Wasser verändert werden sollte, brachten sie von zu Hause mit. Oder ich bekam den Auftrag, das Gewünschte zu besorgen. Einmalige Exponate, darunter Weltsensationen, sammelten sich

an: Nicos Salzwasser, Gummibärchenwasser, Julias Schaumwasser, Naemis grünes Papierschnipsel-Wasser.

Jan brachte zwei Schaukästen mit, einen mit einem Haifisch-Gebiss und ein Aquarium, das er mit seiner Mutter gebaut hatte. Darin zwei besondere Fische: Sie wuchsen in diesem Wasserglas.

Niklas kam mit Zahnpastawasser: »Ich hab einfach meine rote Zahnpasta ins Glas getan und so lange umgerührt, bis sie sich aufgelöst hat. Jetzt haben wir rosarotes Wasser für unser Museum.«

Es gab Wasser aus der Seine – ein Mitbringsel aus Paris, das ich den Kindern versprochen hatte – und Wasser aus einem Innviertler Bach. Auf den ersten Blick sahen beide gleich aus. »Aber wenn du genau schaust, siehst du bei dem Wasser aus Paris so Flankerln drin. Das sind die gefährlichen Bakterien«, stellte Jan fest und packte seine Glassteinchen aus. »Ich habe Wasserkristalle mit«, er-

klärte er, »glänzende, weiße Mineralstoffe. Durch die Lupe sieht man sie hell. Das sind Eiskristalle, die aus Mineralstoffen bestehen. Im Wasser lösen sie sich auf.« Es wurde sofort ausprobiert. Als die Glassteinchen nach einiger Zeit immer noch da waren, meinte er: »Aber sie haben sich verkleinert...«

Ein Ausstellungsstück der besonderen Art fabrizierten wir gemeinsam im Wasserlabor: Glitter und Pailletten – eingebettet in ein Glycerin-Wasser-Gemisch.

Da meldete sich Naemi zu Wort: »Ich weiß ein neues Wasser: Parfüm!«

Was geschieht, wenn man Parfum ins Wasser gibt?

Zuerst wollten alle – und möglichst zugleich – daran riechen. Nico: »Das riecht voll gut!«

Das Parfum ließ sich, seiner öligen Inhaltsstoffe wegen, nicht mit dem Wasser vermischen. Es bildete sich ein Ölfilm. Die Kinder definierten ihn mit: »So kleine Inseln.«

Naemi: »Lass mich wieder riechen. Das riecht gut – wie der Himmel! Da sind Tupferl drin, das sind die Wolken. Schau, Nico, wenn man es schüttelt, können wieder andere Tupferl werden.«

Nico: »Ich hab eine Lampe mit – mit blauem Licht.«

Naemi: »Als ob das Licht hineingefallen wäre.«

Nico: »Das schaut wie ein Wasserfall aus.«

Naemi: »Alles verändert sich. Und wenn man's rüttelt, hört man auch was.«

Wasser regte nicht nur die Fantasie an, es beruhigte auch, ließ staunen, faszinierte, ließ Verschiedenes

schwimmen, schweben, tanzen, regte zum Träumen an, lud zum Verweilen ein, brachte auf andere Gedanken, verzauberte, veränderte...

Jans Einfallsreichtum schien keine Grenzen zu kennen. Im Wasserlabor kreierte er einen »Zaubertrank«. Immer wieder ging er ins Museum, um seine neue Erfindung mit anderen Wässerchen zu vergleichen.

Auch Judith und Naemi unternahmen Entdeckungstouren ins Museum. Mit diversen Lupen ausgestattet, gingen sie auf die Suche nach Veränderungen. Naemi: »Wenn ich durch die Lupe schau, ist da ein Fisch drin. Ohne Lupe sieht man ihn aber nicht.«

Der Bestand des Wassermuseums nach zwei Monaten: Neben vielen anderen Exponaten Mineralwasser aus halb Europa. Zum Beispiel aus Norwegen, Schweden, Polen, Tschechien, Rumänien, Bosnien, Italien, Frankreich und Deutschland.

Mit Schachtelbausteinen wurden die Regale erweitert. Besucher durften kommen.

Immer wieder zog es die Kinder ins Museum. Jan und Sebastian stellten an den verschiedenen Wässerchen Veränderungen fest. Vor allem das Pfützenwasser beschäftigte die Jungen.

»Es hat sich verändert.«

»Die Farbe ist anders, durchsichtig.«

»Schau, beim Schütteln wird's anders.«

»Genau so, wie es zuerst war, als ich's mitgebracht habe.«

»Ja, weil der Sand aufgewirbelt ist.«

»Wenn wir es ruhig stehenlassen, sinkt alles wieder auf den Boden. Denn Sand ist schwerer als Wasser.«

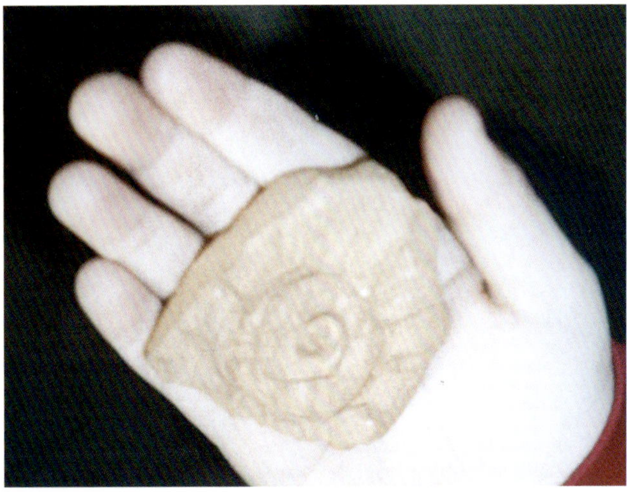

Eines Tages brachte Jan ein selbst getöpfertes Stück mit: »Das ist eine versteinerte Schnecke. Ich hab sie für's Museum mitgebracht, weil das eine Versteinerung aus dem Jahr 2000 ist. Das ist vom Wasser so verändert worden, und durch die Wasserveränderung ist es ein Urgestein!«

Nico zählte die mittlerweile im Museum vorhanden Gläser und Flaschen. Plötzlich rief er verwundert: »Da hat sich was verändert!« Das Wasser aus dem Innviertler Bach war grünlich geworden – es hatten sich Algen gebildet. Nun untersuchte er alle Exponate und stellte weitere Veränderungen fest: »Das Pfützenwasser ist jetzt nicht mehr schmutzig!« Das wollten auch andere Kinder sehen und bewegten das Glas. »Stimmt gar nicht!« korrigierte Nico sich. »Der Schmutz war nur am Boden.«

Nach vier Monaten gab es im Museum bereits Mineralwasser aus 15 Ländern zu besichtigen, und die Bestände wurden ständig erweitert. Nach sieben Monaten hatten wir Wasser aus 32 Ländern oder Regionen der Erde: Ägypten, Amerika, Bosnien, Bulgarien, Chile, China, Deutschland, Dubai, Frankreich, Friaul, Gran Canaria, Hawaii, Italien, Kroatien, Nor-

wegen, Österreich, Polen, Rumänien, Schottland, Schweden, Schweiz, Serbien, Sizilien, Slowenien, Spanien, Teneriffa, Thailand, Tschechien, Tunesien, Türkei, Ungarn. Etwas ganz Seltenes war auch dabei: Wasser aus Mexiko. Außerdem hatten wir Wasser aus der Seine, Salzach, Donau, Traun, Pram...

Eines Tages kam Jan mit einem ganz besonderen Wasser: Weihwasser. »Das schickt meine Uroma für unser Wassermuseum. Sie hat's aus der Kirche geholt. Der Pfarrer hat's ihr erlaubt.«

Weihwasser kann man nicht trinken. Aber Tee.

Die wenigsten Menschen werden wissen, dass Tee – nach Wasser – jenes Getränk ist, das die meisten Menschen trinken. Also durfte das Thema »Tee« in unserem Wasser-Projekt nicht fehlen. Dabei war es gar nicht geplant. Daran, dass Pläne von den Kindern ohnehin meist verändert werden, war ich schon gewöhnt...

Teestunden

Eines Tages brachte Jan für das Museum ein Tee-Ei mit. Anfangs wurde es kaum beachtet, weil andere Exponate für die Kinder interessanter waren. Aber die Stunde des Tee-Eies kam, denn irgendwann wollten die Kinder wissen, was denn das für ein Ding sei.

Jan: »Das ist ein Tee-Ei.«

»Und was macht man damit?«

Jan: »Damit macht man Tee«

»Und wie?«

Da meldete ich mich zu Wort und erinnerte Jan daran, dass wir ohnehin noch kein Teewasser im Museum hatten. Wenn er möchte, schlug ich vor, könne er ja einen Tee zubereiten. Der Vorschlag gefiel Jan, und er machte sich daran, das Tee-Ei zu füllen. Da ich am Tag zuvor Tee gekauft, ihn aber im Kindergarten vergessen hatte, war ich in der komfortablen Lage, echten Darjeeling anbieten zu können. Wir setzten Wasser auf, ließen es kochen und überbrühten – aus Sicherheitsgründen hatte ich diesen Part übernommen – damit das mit Tee gefüllte Ei. Die Kinder waren vom Duft, der sich verbreitete, sehr angetan und verfolgten Jans Teezubereitung interessiert.

Ich dachte daran, den fertigen Tee, sobald er abgekühlt war, ins Museum zu stellen. Aber Jan hatte andere Pläne. Er wollte den Tee erst mal kosten. Dies war der Beginn vieler Teestunden.

Schon am nächsten Tag sagte Jan: »Ich möchte mit Nico ein Teefest machen. Ohne Wasser hätten wir

keinen Tee, und Tee ist etwas Gemütliches.«

Um das Teewasser durfte ich mich kümmern, alles andere machte Jan. Nico harrte gespannt der Dinge, die kommen würden...

Jan: »Jetzt brauchen wir Teetassen, denn so einen Tee trinkt man nicht aus Plastikbechern.« Er betonte dies, weil es im Kindergarten nur Früchtetee gibt, und dafür gibt es Plastikbecher.

Nico: »Tun wir auch Zucker hinein?«

Jan: »Nur wenn man will. Mein Papa ist Tee-Experte, der arbeitet in einem Labor.«

Nico: »So eine Teestunde ist sehr gemütlich.«

Sebastian (zu mir): »Aber ich werde bald ungemütlich, wenn die nichts übrig lassen.«

Nico: »Sebastian, mach das Tee-Ei auf. Ich will hineinschauen, was der Tee da drin tut.«

Jan: »Er wird sich verändert haben.«

Nico: »Wasser verändert alles.«

Sebastian: »Genau!«

Alle Kinder wollten nun eine Teestunde. Während der Adventszeit und in den Wintermonaten wurden viele Teestunden zelebriert. Eine neue Art des Kommunizierens – für viele Kinder auf diese Weise unbekannt – entstand. Die Kinder liebten diese Art des Sich-Zurückziehens.

Natürlich wurden Regeln aufgestellt – nur zwei Kinder, ein schön gedeckter Tisch, niemand darf stören –, akzeptiert und befolgt.

Ein weiteres Ausstellungsstück für unser Museum war ein silbernes Tee-Ei, das zu den Tee-Stunden bevorzugt wurde. Außerdem bekamen wir neue Teesorten, Tee-Kandis und Tee-Gebäck. Manche Kinder erzählten, dass es bei ihnen zu Hause nun auch Tee-Stunden gäbe.

Wenn wir zusammensaßen, erzählte ich den Kindern manchmal, was ich über Tee weiß[19]:

In China sagt man, dass der Tee 20 gute Eigenschaften haben soll, zum Beispiel: Tee reinigt das Blut, vertreibt schwere Träume, befreit das Gehirn, hilft bei Verstopfung, klärt das Auge, vertreibt Trübheit, macht flink und tapfer, verbessert das Erinnerungsvermögen, erhöht die Konzentrationsfähigkeit, übt neben seiner euphorisierenden Wirkung durch den Gehalt an Tannin auch einen beruhigenden Einfluss aus, vor allem auf die Magenschleimhäute.

Außer den Hauptbestandteilen, dem Teein und Tannin (Gerbsäure), enthält Tee weitere segensreiche Stoffe, zum Beispiel ätherische Öle und Vitamine. Aus der Vitamin-B-Reihe enthält er das wasserlösliche B1, das als Wachstumsvitamin bekannt ist. Dieses Vitamin soll nach Prof. Schöneberg in der Lage sein, den Menschen unempfindlich gegenüber Hetze und Lärm zu machen. Kein Zufall also, dass alle Völker, die gern und viel Tee trinken, die Ostasiaten, die Russen, die Briten, eine stoische Ruhe besitzen, um die wir sie beneiden.

Außerdem enthält der Tee Chlorophyll. Dieser Stoff soll helfen, das radioaktive Strontium 90 im menschlichen Körper zu binden. Auch Fluor gegen den Zahnverfall ist im Tee vorhanden.

Über den Ursprung des Tees gibt es nur Legenden, denn auch heute ist man sich noch nicht sicher, wann und wie der Tee entdeckt wurde. Eine Geschichte erzählt, dass der chinesische Kaiser Shen-Nung wegen der Hygiene unterwegs stets nur abgekochtes Wasser trank. Im Jahre 2737 v. Chr. sollen Zweige des brennenden Reisigs in den Wassertopf gewirbelt sein. Zu seiner Verwunderung stellte der Kaiser fest, dass der Trunk einen angenehmen Geschmack und ein wunderbares Aroma angenommen hatte. Die Blätter waren – so die Sage – wilde Teepflanzen.

In Japan wurde der Teesamen durch buddhistische Mönche eingeführt. Das Teetrinken wurde zu »einer Religion der Lebenskunst«, zu einer »Harmonie von Kunst, Kultur und einfachem Leben«.

1610 brachten Schiffe der holländisch-ostindischen Kompanie den Tee nach Holland und damit nach Europa. 1636 kam er nach Frankreich, 1638 nach Russland. 1650 wurde der Tee von den Holländern in England eingeführt, 1657 in Deutschland.

Obwohl angenommen wurde, dass der Tee aus China stamme und indische Kaufleute Teesamen aus China eingeführt hätten, ist tatsächlich Indien, dessen Boden sich als außerordentlich fruchtbar für eine bestimmte wilde Teesorte erwiesen hatte, die Heimat des Tees.

19 Aus: Nicolin, M.: Tee für Genießer. Falken Verlag, Niedernhausen/Ts. 1987

BITTE KEINE BÜCHER ENTFERNEN.
WASS
SEGEL-BOOT
BOOT
FALTBOOT
TRAUMSCHIFF
WIKKINGER-SCHIFF
David
DEM PIRATENSCHATZ AUF DER SPUR
Nick
SCHIFFE
Das Schiff
PIRATEN

Die Wasserbibliothek

Bücher sind etwas Besonderes für mich und erfreuen sich auch bei den Kindern größter Beliebtheit. Eines Tages beschlossen wir, eine Wasserbibliothek einzurichten. Bücher – Sachbücher, Bilderbücher, Bildbände, Lexika –, Karten, Broschüren, Folder, Zeitschriften und Prospekte füllten bald das Regal.

Ein schöner Bildband erregte das Interesse einiger Kinder. Als ich erwähnte, dass dies eigentlich ein Buch für Erwachsene sei, bekam ich von Nico folgende Antwort: »Wir können's auch anschauen, denn Erwachsene haben kein Wasser-Projekt.«

Die Wasser-Bibliothek veränderte sich ständig, weil von Kindern, Eltern und Besuchern immer wieder Leihgaben kamen. Schnell avancierte sie zu einem beliebten Ort des Rückzugs, an dem man nachdenken, forschen, sich informieren, sich ausruhen, sich etwas erzählen, spielen und Freude an schönen Büchern oder Bildern haben konnte.

Sebastian, mit Jan und Jakob in ein Buch vertieft: »Wenn das Wasser so spritzt, dann freut es sich.«

Jan: »Ich glaub, dann feiert es eine Party – eine coole Wasserparty.«

Außerdem wurde die Bibliothek ein Ort für Informationen über das Gruppengeschehen. Hier lagen die Projektdokumentationen aus, hier wurden die Prozesse sichtbar, die in der Gruppe abliefen. Das freute die Eltern.

Schlamm, Moor und reinigendes Wasser

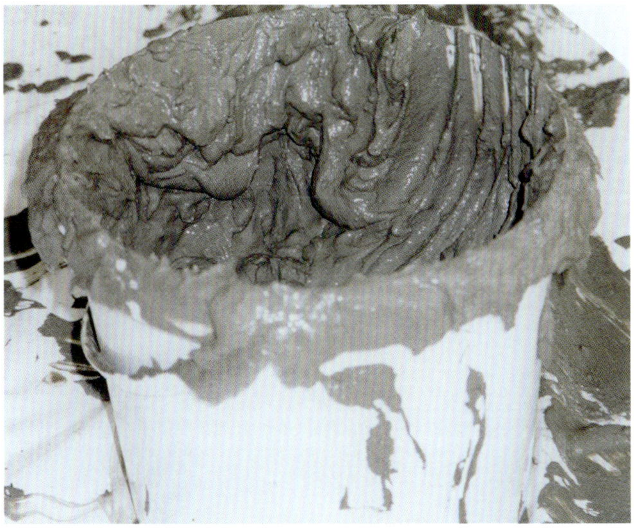

»Die Heilkraft der Moor- und Schlammvorkommen faszinierte bereits die alten Römer. Vor 25 Jahren nützten Hans Eder und Helmuth Mayr dieses Geschenk der intakten Natur und gründeten das Gesundheitszentrum. Universitätsgutachten belegen, dass es sich um seltene Vorkommen an Heilmoor und Heilschlamm handelt. In dieser Form gibt es dieses Heilmoor neben Althofen nur an vier weiteren Orten in Europa (Abano, Pystian, Eforie, Igalo). Die Urgewalten aus dem Inneren der Erde, die vor Jahrmillionen den Planeten geformt haben, wirken auch heute noch in der gesunden Erde und dem heilenden Schlamm von Althofen weiter.«[20]

Wasser heilt. Dieser neue Aspekt unseres Projekts stellte sich ein, als ich einen Kuraufenthalt verordnet bekam, in einem Moorbad. Mein Therapieplan erlaubte es mir, Informationen über das besondere Moor in Althofen/Kärnten zu sammeln. Ich besuchte den Bürgermeister der Stadt, der mir Frau Wallgrams Diplomarbeit über das Moor von Althofen überreichte. Bei Spaziergängen lernte ich den Amphibienlehrpfad und das Moor kennen. Als die Kur zu Ende ging, durfte ich Moorerde und Heilschlamm für die Kinder mitnehmen.

Als ich nach fast vier Wochen wiederkam, in jeder Hand einen geheimnisvollen Eimer, wurde ich schon erwartet. Die Kinder wollten genau wissen, wo ich so lange war, was ich dort gemacht hatte und ob ich Schlamm und Moor mitgebracht hätte, wie versprochen.

Ich erzählte von meiner Kur und den diversen Anwendungen...

Sebastian: »War das eine Rosskur?«

Nico: »Meine Oma war auch schon einmal auf Kur. Da hat sie im kalten Wasser gehen müssen...«

Jan: »Ja, weil Wasser gesund ist. Einmal war mir so schlecht. Da hab ich ein Wasser getrunken, und dann war es gleich besser.«

Nico: »Wenn man Schnupfen hat, muss man was ins Badewasser hineintun.«

Sebastian: »Ja, Wasser verändert alles!«

Meine Mitbringsel vom Kuraufenthalt erregten größtes Interesse, und die Kinder konnten es kaum erwarten, sich damit eingehender zu beschäftigen.

Jan begann sofort, im Schlamm zu wühlen. »Pullover ausziehen!« schien er noch zu hören, für das Unterhemd hatte er schon keine Zeit mehr. Auch Mimis Gesichtsausdruck ließ einiges vermuten. Noch waren ihre Hände sauber, aber es dauerte gar nicht lange, und Mimi war mittendrin.

Nach und nach kamen Kinder dazu, die vorher mit anderen Dingen beschäftigt waren, und näherten

20 Auszug aus der Informationsbroschüre von Althofen

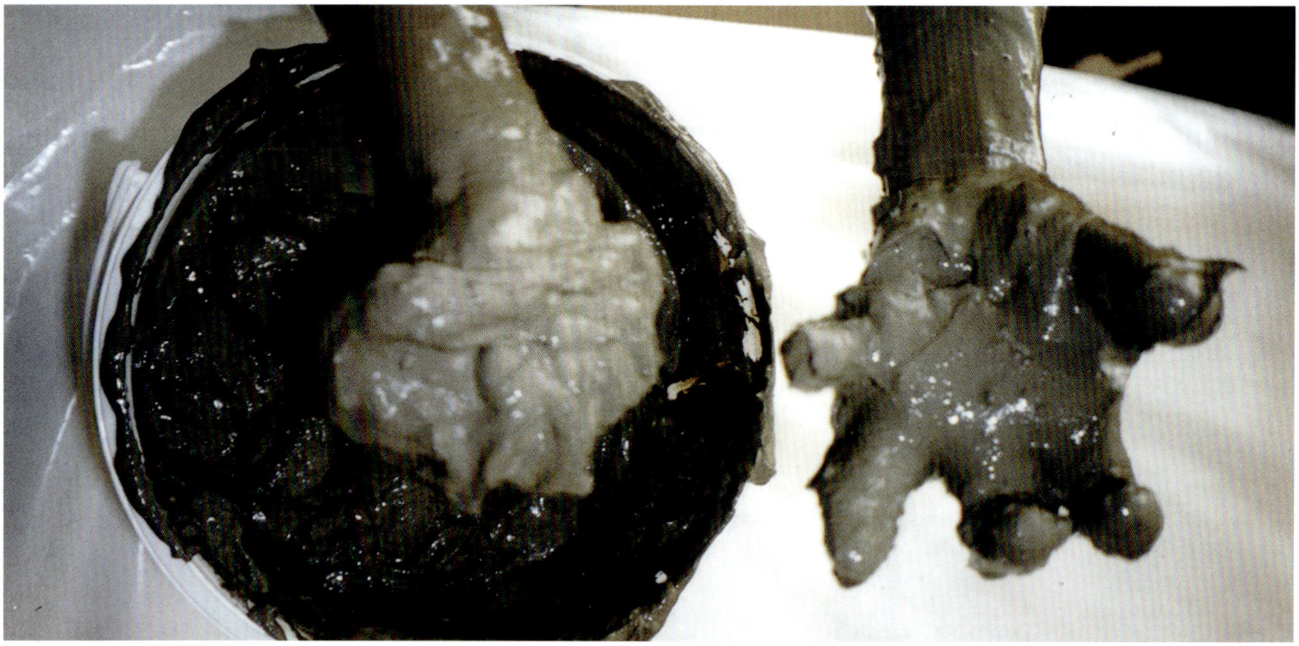

sich diesem anziehenden, doch Respekt einflößenden grauen Etwas. Einige tupften vorsichtig mit dem Finger hin, zogen ihn wieder zurück, versuchten es erneut, schon mutiger. Manche blieben Zuschauer, hatten aber auch ihren Spaß. Schließlich war mehr als die Hälfte der Gruppe mitten im schlammigen Geschehen… Nebenbei entstanden »Schlamm-Gemälde«.

Für die Kinder waren die Erfahrung mit diesem besonderen Material wichtiger als die Mühen der Spurenbeseitigung. Selbst beim Waschen und Saubermachen hatten sie noch ihren Spaß.

Von den Kolleginnen bekam ich sanfte Hinweise, dass derartige Aktivitäten besser im Freien stattfinden sollten. Mag sein, aber der Schlamm war jetzt und hier aktuell. Außerdem: Was weiß ich, wofür sich die Kinder in zwei Monaten interessieren! Wenn ich nicht zulasse, was hier und heute passiert, passiert nichts, kann nichts entstehen und sich weiterentwickeln.

Bei den Kindern jedenfalls war viel passiert. Ich konnte gar nicht alles bildlich festhalten, denn ich war selber mittendrin. Und die Eltern hatten Verständnis für unsere Aktivitäten und ihre Schlamm-Spatzen.

Jan: »Das hat mir so getaugt, weil es so schön patzig war. Und so angenehm auf der Haut!«

Mario: »Und man hat's so schön draufschmieren können.«

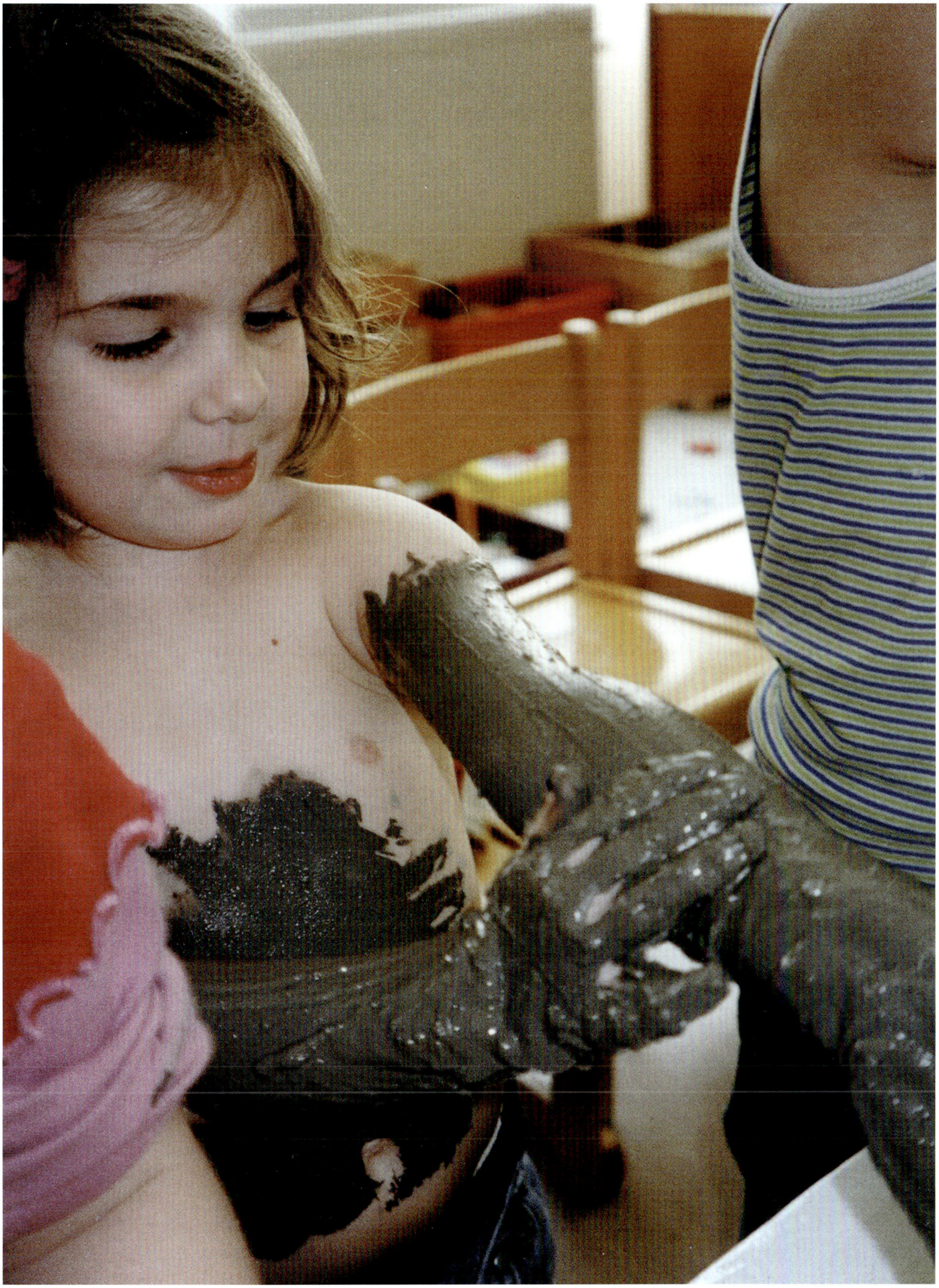

Nikola: »Ich möchte das wieder machen.«
Mimi: »So was Matschiges greife ich gern an.«
Julia: »Es ist auch ein bisschen warm.«
Jan: »Ja, so halb warm.«
Nico: »Die Brigitte hat gesagt, das ist ein Heilschlamm.«
Jan: »Ja, wenn man Kreuzweh hat. Vielleicht heilt der Kratzer auf meiner Hand auch gleich.«
Emina: »Da wird meine Haut ganz weich.«
Jan: »Und schön wirst du auch!«
Nico: »Aber erst später.«
Mimi: »Überall waren wir dreckig. Mein Pullover,

meine Hose, meine Strumpfhose, meine Unterhose – da hab ich mich ausgezogen und den ganzen Schlamm überall hingeschmiert. Das war schön und so angenehm auf meinem Körper.«

Jakob: »Überall?«

Mimi: »Ja, mein Körper mag das. Er will das!«

Julia: »Für mich war's auch angenehm, ich war ganz voll Schlamm!«

Mimi: »Und keine Mutti hat geschimpft!«

Simona: »Ich hab den Schlamm nicht angegriffen. Ich mag das nicht. Aber das Zuschauen hat mir gefallen. Es war so lustig.«

Nico: »Meine Mama hat gesagt, dass das sicher voll lustig war, und sie wär auch gern dabei gewesen.«

Mittlerweile war es Sommer geworden. Ein halber Kübel Schlamm war noch da und wartete darauf, beachtet zu werden. Die letzten Schlammaktionen waren den Kindern in lebhafter Erinnerung geblieben, und sie warteten schon auf die Fortsetzung. Also breiteten wir auf unserer Terrasse Folie aus. Im Nu war ein Teil der Kinder ausgezogen und wühlte, schmierte, strich im und mit Schlamm – skeptisch, neugierig, fragend, mutig.

Magdalena: »Ich trau mich nicht...«

Elena: »Der Schlamm ist so schön. Ich weiß auch nicht, warum ich ihn nicht angreife. Nur ein bisschen...«

Simona zu Judith: »Jetzt hat mich der Mario angegriffen, aber ich will den Schlamm auf meiner Haut nicht haben. Aber der Nico und die Mimi und die Julia und der Mario – die gefallen mir so schlammig.«

Nikola: »Ist das gut! Einmal was anderes...«

Nico: »Mimi, soll ich dich hinten eincremen? Das ist voll cool!«

Mimi: »Ja, das ist ein Gefühl wie eine Ente.«

Nico: »Wieso Ente?«

Mimi: »Weil eine Ente ein Gefühl hat.«

Mario: »Nico, du wirst schon steinhart!«

Nico: »Jetzt schauen wir aus wie eine Statue. Ich muss mich noch gut eincremen, dann machen wir eine Schlammumarmung... Julia, schmierst du mich bitte hinten ein? Ich möchte den Schlamm überall haben. Super, der Schlamm! Ich find es schön, dass ich an meinem letzten Tag im Kindergarten noch einmal hab mit dem Schlamm matschen dürfen, denn morgen fahr ich auf Urlaub...«

Judith schaute belustigt zu, wollte aber nicht mitmachen: »Ich find den Schlamm voll super, weil er so schön gatschig ist, aber ich will keine schmutzige Unterhose haben...«

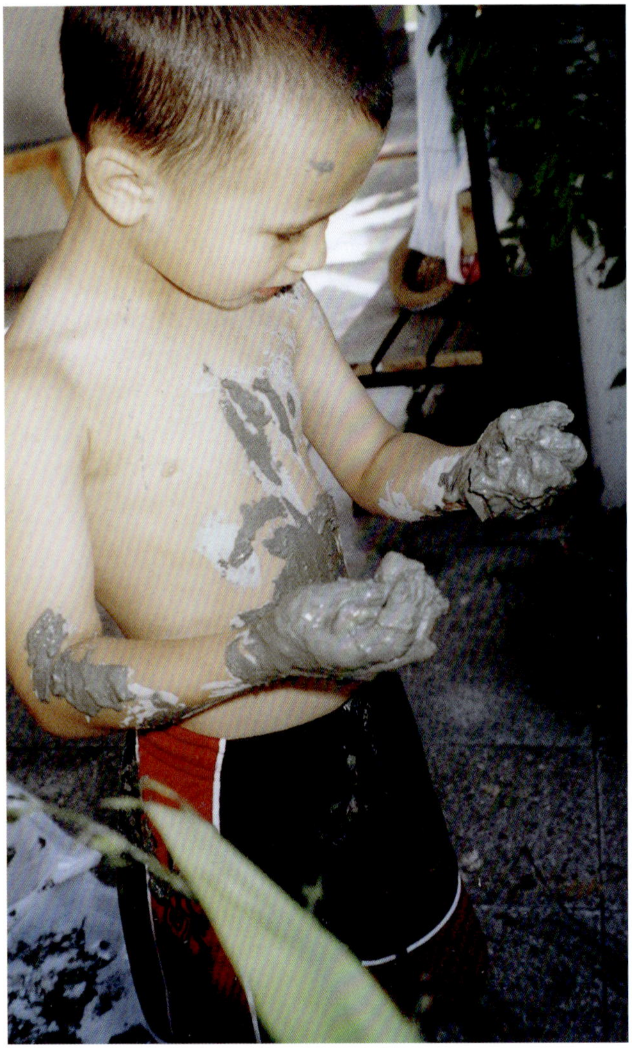

Julia: »Aber das ist so lustig, und die Hose kann man waschen.«

Judith: »Ich sag ja auch, dass es Spaß macht. Aber versteckten Spaß...«

Julia: »Ich hab mich so gerne eingeschmiert, weil das auf der Haut so gut ist. Aber wie wir's damals drinnen gemacht haben, war's noch schöner!«

Nico: »Ich komme mir vor wie ein Stein.«

Mario: »Meinst du die Farbe?«

Nico: »Ja auch, aber ich fühl mich so an.«

Mario: »Jetzt bin ich ein Schlammmensch.«

Langsam begann der Schlamm einzutrocknen.

»Es juckt. Es zwickt ein bisschen. Wie eine Steinhaut. Nein, wie ein Krokodil. Oder wie eine Schlange...« Beim Waschen gab es noch einmal Spaß.

Julia: »Hihi, das ist aber kalt!«

Mario: »Macht nix! Ich liebe die Kälte bei der Hitze!«

Moor

Was ist ein Moor? Ein wasserreiches Gebiet mit bestimmten Pflanzengesellschaften, deren Reste sich unter Luftabschluss unvollständig zu Torf zersetzen. Nach Pflanzengemeinschaft und Aussehen werden unterschieden:

- Flachmoor: Es entsteht in Senken mit Grundwasseraustritt, durch Verlandung von Seen oder an Flussufern. Schilf, Wollgras oder Binsen siedeln sich an, zuerst als Schwingrasen (Schwingmoor) mit wenigen offenen Wasserflächen, dann als ebenes Flachmoor, das durch weiteres Austrocknen zur Bruchlandschaft wird.
- Hochmoor: Es bildet sich in niederschlagsreichen Gebieten auf nährstoffarmen Böden, zum Beispiel direkt aus Bruchwald, sumpfigen Wiesen oder über Flachmoor. Typisch sind Torfmoose, die durch Wasseraufnahme mit den Blättern vom Grundwasser unabhängig sind, unten absterben, nach oben und den Seiten weiterwachsen; es entsteht die bezeichnende uhrglasförmige Wölbung.
- Übergangsmoor: die Übergangsphase bei der Bildung des Hochmoores aus einem Flachmoor.[21]

Nach den Schlammaktivitäten warteten die Kinder schon auf das Moor. »Es fühlt sich ganz anders an als der Schlamm«, stellten sie fest.

21 Auszug aus Knaurs Lexikon

Für Moorexperimente hatte ich verschiedene Siebe und Laborfilter mitgebracht. Zuerst vermischten wir die Moorerde mit Wasser. Nico tat das gleich mit den Händen.

Nico, verwundert: »Meine Hände sind ja gar nicht schwarz!«
Jan: »Ja, weil die Moorerde abgesunken ist.«
Nikola: »Ich hab ganz weiche Hände!«
Jan: »Deswegen ist das Moorwasser so gesund.«

Die Kinder stellten fest: Moorerde kann man angreifen, fühlen, unter der Lupe betrachten, die Farbe

feststellen, mit anderer Erde vergleichen, Unterschiede feststellen, mit Wasser vermischen – und dann: herummatschen, verschmieren, malen, verändern, durchsieben, sich schmutzig machen, Spaß haben...

Verschiedene Siebe – von ganz grob bis ganz fein – und Laborfilter kamen zum Einsatz.

Den Kindern fiel auf, dass die Rückstände in den Sieben immer weniger und immer feiner wurden und dass man Wasser reinigen kann.

Nico und Jan wollten das Moorwasser reinigen und benutzten dabei Siebe unterschiedlicher Größe und Feinheit. Stufenweise gelangten sie zu einer Ordnung, die sie Neues entdecken ließ.

Nico: »Schau, zuerst ist das Wasser schneller durchgeronnen, und jetzt geht's ganz langsam.«

Jan: »Ja, weil das Sieb zuerst grob war. Beim feinen Sieb wird's leichter verstopft.«

Ich erinnerte die Jungen an die Laborfilter und half ihnen, als sie mich darum baten, beim Falten.

Jan: »Die sind noch feiner. Nun geht alles noch langsamer.

Nico: »Das Wasser wird immer heller.«

Jan: »Ja, weil's sauberer wird und weil die Filter so fein sind. Man sieht ganz genau, wie viel vom Moor übrig bleibt. So wird das dreckige Wasser gereinigt.«

Enge Bekanntschaft mit dem Moor schlossen die Kinder auch in der Moorküche. Dort waren sie so lange zugange, bis die Moorressourcen verbraucht waren. Schmutzig werden? Kein Thema! Moor hinterlässt keine Flecken.

Mimi: »In der Moorküche koche ich gerne! Das riecht so gut!«

Wasser reinigt – wir reinigen Wasser

Durch die Moorwasser-Experimente verstanden die Kinder, wie eine Kläranlage in den Grundzügen funktioniert.

Jan: »Eine Kläranlage ist ein Filter oder mehrere. Da wird das Wasser gereinigt. Aber gefiltert wird's auch, wenn es von der Quelle kommt. Das ist dann Trinkwasser.«

Sebastian: »Wenn's dann schmutzig ist, zum Beispiel vom Händewaschen, kommt's in die Kläranlage. Wenn's dann in den Fluss kommt, ist es nicht mehr schmutzig und für die Fische nicht gefährlich.«

Nico: »Wenn das Wasser nicht gereinigt ist, sterben die Fische.«

Jakob: »Wenn's regnet, ist die Donau sehr schmutzig.«

Jan: »Aber das ist natürlich.«

Nico: »Das kann von der Erde sein.

Mario: »Oder vom Sand.«

Für jedes Lebewesen ist Wasser lebensnotwendig. Jedoch kann jedes Benützen von Wasser auch eine Wasserbelastung mit sich bringen. Noch vor weniger

Eine Kläranlage besteht, vereinfacht ausgedrückt, aus folgenden Stufen:

Mechanische Reinigung:

- Rechen für grobes Schwemmmaterial (Äste, Müll...);
- Sandfang für grobe Schmutzteilchen. Hier fließt das Wasser langsamer, so dass sich die schweren Teilchen am Boden absetzen können. Fette und Öle schwimmen auf und können abgeschöpft werden;
- Vorklärbecken, in dem kleinere Schmutzteilchen zu Boden sinken;
- das Wasser erscheint optisch nach diesen Reinigungsstufen bereits sauber.

Biologische Reinigung:

- Belebungsbecken, in die Luft mit unzähligen Mikroorganismen eingeblasen wird, die den Abbau von Schmutzstoffen im Abwasser durchführen. Sie sind umso »hungriger«, je mehr Sauerstoff sie erhalten. In einem Nachbarklärbecken sinken die »satten« Mikroorganismen zu Boden.
- Das gereinigte Abwasser wird in einen Vorfluter (Fließgewässer) abgeleitet.

als 100 Jahren wurde ein Großteil der Abwässer auf Rieselfeldern außerhalb der Städte (Berlin, München) ausgebracht, oder wurde ungereinigt in den nächsten Fluss eingeleitet Die Reinigungsleistung der Böden reichte damals aus, um das Schmutzwasser einigermaßen zu säubern. Doch mit fortschreitender Industrialisierung und steigendem Wasserverbrauch, aber auch mit der Forderung nach sauberen Gewässern haben diese Einrichtungen längst ausgedient.

Kläranlagen haben die Aufgabe der Reinigung unseres Abwassers übernommen.

Moderne Kläranlagen verfügen über einen hohen technischen Standard, ihre Reinigungsleistung hängt jedoch auch von der Qualität des eingeleiteten Abwassers ab.

Gelangt Abwasser, welches in hohem Maße mit Chemikalien, Schwermetallen, Lösungsmitteln oder Ölen angereichert wurde, in die Kläranlage, stellt es dort eine starke Belastung für die Mikroorganismen dar.

Sonderabfälle, wie Lacke, Farben, Medikamente, Putzmittelrückstände, Öle, aber auch feste Abfälle gehören keinesfalls ins WC! Durch den Eintrag von Chemikalien kann die Reinigungsleistung der Kläranlage massiv gestört werden. Dies bedeutet nicht nur schlechter gereinigtes Wasser, das in unsere Fließgewässer abgeleitet wird, sondern auch eine erhebliche finanzielle Belastung für die Gemeinden und letztendlich für jeden von uns.

In manchen Kläranlagen werden zur Verbesserung der Reinigungsleistung weitere Reinigungsstufen eingeschaltet. Bestimmte Chemikalien (Eisenchlorid) helfen beispielsweise, Phosphate zu fällen. Schönungsteiche nutzen die Reinigungsleistung von Wurzelbakterien und können daher auch als Nachklärung verwendet werden.[22]

22 Aus: Roxi für Lehrerinnen. Lernen mit Pfiff. Doris Feik Verlag, Wien 2000. S. 57

Entfärben

Wasser kann man auf unterschiedliche Art und Weise reinigen. Eine davon ist das Entfärben, ein Experiment, das die Kinder faszinierte.
Um etwas entfärben zu können, muss etwas Gefärbtes vorhanden sein. Darauf konzentrierten wir uns zuerst. Kaliumpermanganat wurde ins Wasser gegeben, um es zu färben, es zu verändern. Da das Pulver eher braun war, erwarteten die Kinder eine ähnliche Färbung des Wassers. Umso verblüffter waren sie, als nach dem Vermischen mit Wasser ein leuchtendes Pink sichtbar wurde. »Schau, das ist die gleiche Farbe wie Julias Pullover«, sagte ein Kind. Gibt man in das leuchtende Pink weißes Pulver – Natriumdithionit –, kann man zusehen, wie das Wasser wieder transparent wird.

Nikola: »Jetzt hat sich die Farbe aufgelöst.«
Nico: »Weiß gemacht.«
Mimi: »Das ist wie Wasser.«
Mario: »Aber das darf die Mimi nicht trinken.«

Die rote Farbe (in diesem Experiment) wird hervorgerufen durch Kaliumpermanganat (7-wertiges Mangan): $KMnO_4$. Es wird mit Natriumdithionit, $Na_2S_2O_4$, zu zweiwertigem Mangan reduziert. Zweiwertiges Mangan ist farblos.

Nico: »Im Wasserlabor trinken wir nichts. Das wissen alle.«
Sebastian: »Das weiße Salz hat die Farbe weggenommen.«
Jan: »Da ist so ein farbiger Strudel entstanden, so einfarbig. Das Salz hat den Strudel gebildet und ihn dann aufgelöst. Und dabei ist die Farbe verschwunden.«

Wassergeister, Wasserhexen und Tränen

»Ein Wassergeist ist ein Geist, der im Wasser geistert.« Und wenn Wassergeister nicht im Wasser geistern? Dann schwirren sie durch unsere Gruppe und regen uns zu neuen Wasser-Aktionen an.

Nico und Sebastian zogen sich mit der Dokumentation des Wasser-Projekts in die Wasserbibliothek zurück und gingen auf Wassergeister-Suche. Natürlich wurden sie fündig. Jan verkleidete sich als Wassergeist.

Jan: »Ich bin ein Wassermann, und ich weiß, wie diese langen Pflanzen im Wasser heißen: Seetang.«

Judith: »Algen gibt es auch.«

Nico: »Und Seerosen.«

Zwischen den Wassergeistern rankten Algen und Seetang – von den Kindern aus Krepppapier gedreht.

Eines Tages kam die Donauhexe zu Besuch. Klar, dass danach alle Kinder auch solche Hexen haben wollten. Während viele Donauhexen entstanden, erfanden wir dieses Liedchen, nach der Melodie »Alle meine Entchen« zu singen:

Die kleine Wasserhexe
gönnt sich keine Ruh,
gönnt sich keine Ruh,
sie sitzt auf einer Welle,
treibt Unfug immerzu.

Den Kindern fielen noch andere Hexen ein. Allgegenwärtig: Bibi Blocksberg und »Die kleine Hexe« von Otfried Preussler[23]. Aber auch Hexen aus allerlei Märchen und Fantasie-Hexen: Meerhexen, Schwarzmeerhexen, Wasserwaldhexen, Zauberwaldhexen,

23 Preussler, O.: Die kleine Hexe. Thienemann Verlag, Stuttgart/Wien 1999

Teichhexen, Matschhexen, Schneehexen, Eishexen, Regenhexen, Gewitterhexen, Blitzdonnerhexen, Faschingshexen und Pfützenhexen.

Mimi hatte drei Hexen gemacht und zählte auf, woher sie stammen: »Diese kommt vom Meer, wo viel Wasser ist, die kommt vom Krokodilteich, und die kommt vom Meeresboden.«

Vom Eisschloss zum Wasserschloss

Mittlerweile war es wärmer geworden, und die Kinder fanden, dass das Eisschloss, das immer noch dastand, eigentlich schmelzen müsste. Jan schlug vor: »Wir könnten daraus ein Wasserschloss machen.« Die anderen Kinder waren einverstanden. Eiszapfen, Schneesterne und Eiskristalle wurden entfernt, und einige Kinder begannen, das Schloss zu restaurieren. Da meinte Nico: »Wir haben zu Hause an der Tür so einen Stängel zum Aufmachen.« Aha, einen Türgriff. Stimmt, ein Türgriff fehlte. Wie könnte der bei dem Schloss aussehen? Ganz einfach: »Ein Loch zum Hineingreifen.« Die Kinder zeichneten es an die Stelle, an der sie es haben wollten, und ich schnitt es heraus.

Die Kinder hatten genaue Vorstellungen von ihrem Wasserschloss.

Jan: »Zuerst malen wir Wasserwellen drauf.«

Mimi: »Fische brauchen wir auch.«

Einige Kinder versahen nun das Schloss mit Wasserwellen, andere malten Fische, die ausgeschnitten und aufgeklebt wurden. Steine, Sand, Muscheln, Seesterne, Tintenfische und anderes Wassergetier kam dazu.

Große Aufregung an einem Montagmorgen! Vandalen hatten das Wasserschloss auf unserer Terrasse zerstört! Die Kinder reagierten entsetzt: »Warum macht jemand so etwas?«

Alle bedauerten, dass die Arbeit vieler Tage vernichtet war, aber sofort begann der Wiederaufbau. Kleister, Pinsel, Papier und meine Hilfe – vor allem beim Dach – wurden gefordert. Einige Kinder malten neue Fische, und nach zwei Tagen erstrahlte das Wasserschloss in neuem Glanz.

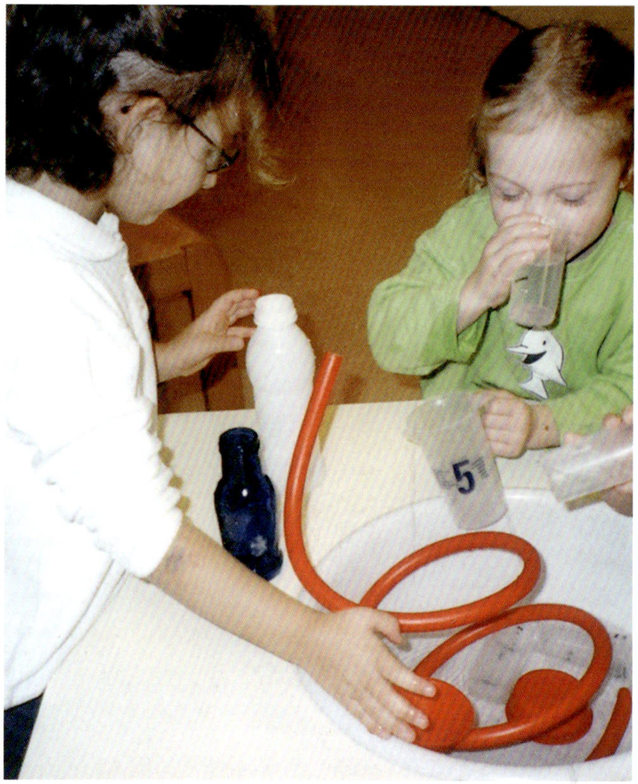

Wasserspaß

Da die Kinder offensichtlich am liebsten Wasser trinken, stand ein Tablett mit kleinen Gläsern und einem Glaskrug voll Wasser bereit, der auch für die Jüngsten gut zu handhaben war. Der Krug war immer schnell leer, deshalb brauchten wir einen »Wasser-Schöpfer«. Jan ergriff die Initiative: »Ich bin der Wasser-Chef, und der Nico ist mein Vertreter.«

Anfangs klappte das recht gut. Aber eines Tages begannen die Kinder, sich um die Position des »Wasser-Chefs« zu streiten. Also ließ ich sie nach einer Lösung suchen. Sie einigten sich darauf, dass der »Wasser-Chef« und sein Vertreter ihre Ämter eine Woche lang innehaben – dann wird gewechselt. Nur, wer sollte als Nächster drankommen? Jan: »Das soll dann der Wasser-Chef bestimmen.« Mit diesem Vorschlag waren alle einverstanden.

Wasserspiele am Pritscheltisch waren besonders beliebt, aber ein nasses Unterfangen. Deshalb wurde es notwendig, einige Regeln aufzustellen. Wieder bat ich die Kinder, Vorschläge zu machen, und war erstaunt, wie streng sie in manchen Punkten waren.

Gemeinsam wählten wir die Gefäße aus. Die Kinder dachten praktisch und wählten Kunststoffteile. Der rote Schlauch durfte nicht fehlen.

Mario: »Aber das Ende der Spirale muss in die Schüssel hineingehen, sonst rinnt das Wasser woanders hin.«

Julia: »Und das nennt man dann Überschwemmung!«

Julia: »Und wenn wer was ausschüttet, muss er es gleich aufwischen.«

Mario: »Ja, sonst wird die Pfütze immer größer, und die Mimi steigt hinein und hat dann nasse Füße.«

Ganz aufgeregt holt mich Nico: »Du, Brigitte, die trinken das Wasser!«

Mario: »Wir trinken nicht, wir blubbern!«

Julia: »Das ist voll cool!«

Spülmittel sorgte für Abwechslung am Pritscheltisch. Als die großen Seifenblasen platzten, wurde es erst richtig lustig. Beim Reinblasen fehlte manchmal die Puste, da der rote Schlauch relativ lang war. Aber die Kinder ließen sich nicht entmutigen, versuchten es immer wieder und möglichst lange. Eine Sanduhr sorgte für Gerechtigkeit.

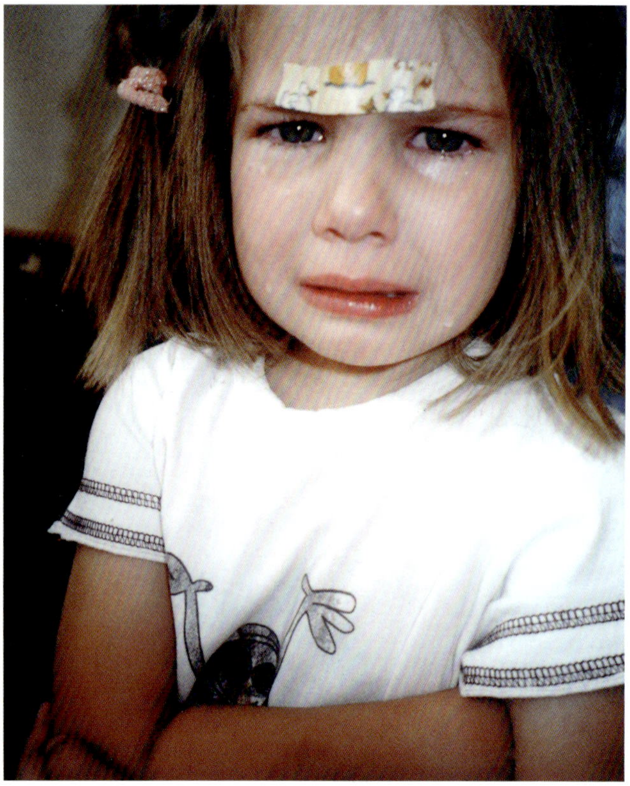

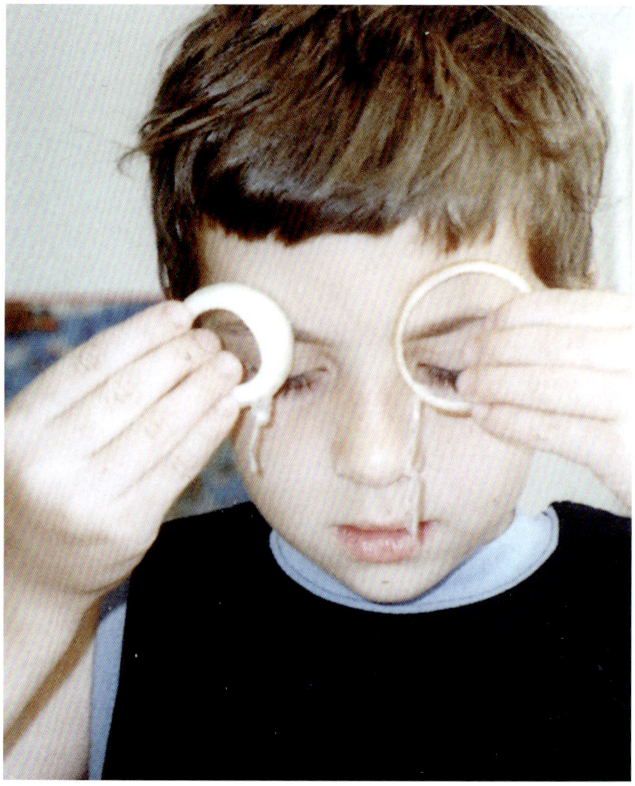

Tränen

Die Kinder hörten Musik, unter anderem ein Lied mit dem Titel »Wenn ich in deine Augen schau...« Da kam Mimi und sagte: »Schau mal meine Augen an! Die hab ich vom Papa – die schönen Farben. Ich hab da so ein Wasser drin.«

Judith: »Augenwasser.«

Mimi: »Das heißt Tränen! Kleine Tröpfchen, die salzig sind.«

Judith: »Die hab ich auch, wenn ich weine.«

Jan: »Tränen sind auch Wasser – salziges Wasser. Ich hab nämlich einmal geweint, und wie ich die Tränen abgewischt habe, hab ich den Finger abgeschleckt, und da hab ich gemerkt, dass es salzig ist. Bei den Regentropfen merkt man das nicht so.«

Jakob. »Wenn man nicht weint, sind die Tränen im Bauch.«

Jan: »Ich weine nicht oft. Nur wenn mich wer schlägt oder wenn die Mama was nicht erlaubt.«

Jakob: »Ich weine, wenn die Mama mich schimpft.«

Sebastian: »Ich weine auch nicht oft. Aber gestern ist mir da auf die Wange eine Träne gefallen.«

Roman: »Ich weine, wenn ich traurig bin.«

Sebastian: »Wenn jemand weint, muss man ihn trösten.«

Jan: »Ich bin oft so traurig, dass ich sterben möchte. Hinlegen und sterben!«

Sebastian: »Da hat man dann eine Ruh.«

Julia: »Meine Tränen schmecken nach Salz. Ich spüre sie, wenn ich weine.«

Mimi: »Ich weine oft, und die Tränen sind lecker.«

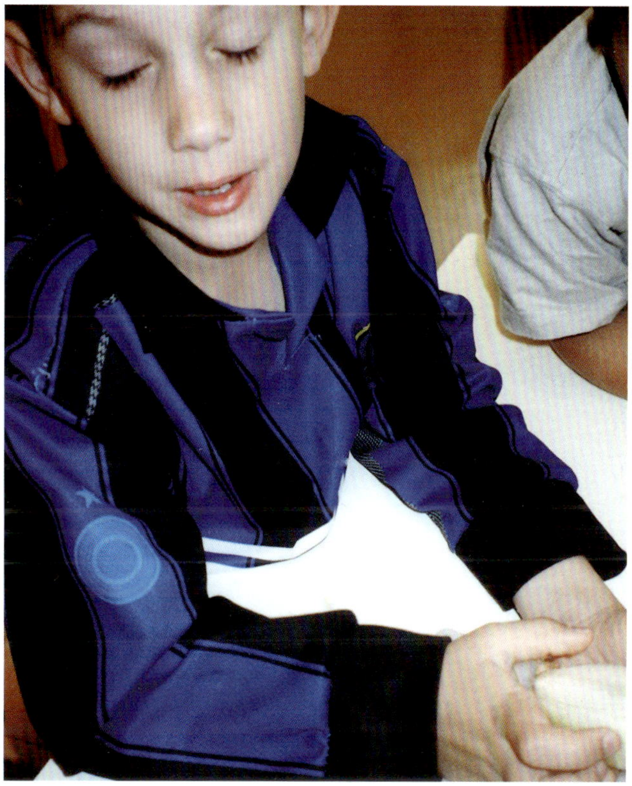

Judith: »Mir schmecken sie auch, weil ich Salz mag.«
Nico: »Beim Kinderturnen schwitzt man, und da tröpfeln auch Tränen herunter.«
Jan: »Ja, Tröpfchen sind es schon, aber keine Tränen. Das ist Schweiß.«

Judith war traurig und hatte geweint. Als ich sie fragte, ob ich von ihren traurigen Augen ein Foto machen dürfe, verflog die Traurigkeit. Später betrachtete sie die Bilder und sagte: »Zuerst waren es traurige Tränen und dann lustige...«

Den Kindern fielen noch andere Tränen ein: Wehtutränen, Halswehtränen, Wuttränen, Glücklichkeitstränen, Frohtränen, Freudentränen, Ärgertränen, Weintränen, Fußballtränen, Spieltränen, Traurigkeitstränen, Vitamin-C-Tränen...
Jan: »Die hängen an den Wimpern. Man spürt sie nicht, weil sie so leicht sind.«
Mario: »Wenn man einen Schnupfen hat und niesen muss, kommen auch manchmal Tränen.«
Mimi: »Dann sind es ja Niestränen.«
Nico: »Der Mario zwickt mich immer.«
Mimi: »Wenn du dann weinst, sind es Zwicktränen. Und dann gibt es die Zwiebeltränen, aber das sind keine echten.«

Nico: »Meine Oma nimmt die Zwiebeln zum Kochen.«
Jan: »Weil die Zwiebeln ja zum Kochen da sind. Ich röste zu Hause die Zwiebeln in einer Pfanne mit Öl, und da beißen sie nimmer so in den Augen. Das Öl macht die Säure kaputt, wenn man was kocht.«

Am nächsten Tag brachten einige Kinder Zwiebeln mit, weil wir sie untersuchen wollten.
Nico: »Jetzt schäl ich sie.«
Jan: »Ich auch. So lange, bis Tränen kommen.«
Nico: »Mir ist schon so komisch im Hals.«
Jan: »Und mir kommen schon die Tränen.« Er schnitt die Zwiebel auseinander und wollte die einzelnen Schichten zählen.
Mimi: »Wie viele sind es denn?«
Jan: »Ich kann nicht mehr zählen, ich sehe nichts mehr.«
Mimi: »Mir tränen auch schon die Augen.«
Jan: »Das sind scharfe Tränen, weil die Zwiebeln scharf sind.«
Mimi: »Aber es sind keine echten Tränen.«
Judith: »Es sind Zwiebeltränen.«
Julia: »Es sind normale Tränen, weil sie aus den Augen kommen.«

Wassergeräusche

In unserer Wasserbibliothek hatten wir das Kartenspiel »Hören – erkennen – benennen – zuordnen«. Auf der beiliegenden CD waren auch Wassergeräusche zu hören. Plötzlich war das Spiel verschwunden. Nur die leere Schachtel war noch da. Die Kinder waren enttäuscht, und ich war verärgert, weil das Spiel nicht ganz billig war. Doch siehe da – eines Tages tauchte die CD wieder auf. Nur die Karten blieben verschwunden. Da meinten die Kinder, wir könnten selbst welche machen.

Also hörten wir uns die verschiedenen Geräusche des Wassers an und überlegten, was wir brauchen. Gemeinsam suchten wir in Prospekten und Journalen nach geeigneten Abbildungen. Für die Karten, die noch fehlten, brachte ich Fotos mit. Gar nicht lange, und das Spiel war komplett. Die Kinder fanden es viel schöner als das verschwundene Spiel, denn wir hatten es selbst gemacht.

Bei der Suche nach Wassergeräuschen kamen die Kinder auf die Idee, selbst solche Geräusche zu erzeugen. Ich brachte ein Diktaphon mit, so dass wir ihre Kreationen aufnehmen konnten. Nico freute sich: »Jetzt können wir aufnehmen, was das Wasser sagt.«

Welche Geräusche können mit Wasser erzeugt werden? Die Kinder waren sehr erfindungsreich: pritscheln, plätschern, gurgeln, ausspucken, Zähne putzen, Hände waschen, etwas ausspülen, tröpfeln, blubbern, sprudeln, Schaum schlagen, schütten, ausschütten, gießen, rinnen lassen, einfüllen, tätscheln, Stöpsel rausziehen, spritzen, regnen lassen, klopfen, pusten...

Töne in Farben umsetzen

Vielleicht war es ganz gut, dass die Spielkarten verschwunden waren, denn das Finden und Gestalten neuer Karten regte die Kinder an, diverse Geräusche bewusster wahrzunehmen. Einzelne Kinder begannen, Geräusche mit Pinsel und Farbe zu Papier zu bringen, was mich wiederum veranlasste, ihnen mehr Platz anzubieten, so dass sie ihre Malaktivitäten ausdehnen konnten. Obwohl sie das Malen auf großen Flächen gewohnt waren, fingen sie zaghaft an. Manche Kinder malten nach Musik still vor sich hin. Das änderte sich aber bald. Sie wurden mutiger und nutzten das großzügige Platzangebot aus.

Sebastian: »Das sind alles die Töne, die ich gehört habe. So ein Wasserstrudel, solche Kreise, wenn der Stein ins Wasser fällt…«

Tanja: »Das Blaue sind die Wasserstrudel, und das Bunte ist die Musik.«

Julia, sie malte mit mehreren Stiften gleichzeitig: »Ich male die leisen Töne und die Sonne.«

Roman: »Ich habe gemalt, was ich gehört habe: Wasser!«

Julia: »Wasser, Sonne, Regenbogen.«

Niklas: »Ein Wasserfall, Schiffe, Meer. Und beim Wasserfall hört man das Plätschern.«

Nico: »Ich brauche viel Platz, weil ich alle Töne male, und die sind ein großer Klang.« Schließlich legte er sich auf seine Malerei – andere Kinder taten es ihm nach – und lauschte der Musik. »Da höre ich alles noch einmal…«

Das Programm

- »Unter Donner und Blitz« von J. Strauß,
- »Wassermusik« von G. F. Händel,
- »Donauwalzer« von J. Strauß,
- »The Housatonic at Stockbridge« von Ch. Ives,
- »Die Moldau« aus dem Zyklus »Mein Vaterland« von B. Smetana,
- »The Lions sleeps tonight« von H. G. Gutternig,
- »Die vier Jahreszeiten«, 2. Satz: Winter, von A. Vivaldi,
- »Conquest of Paradise« von Vangelis.

Wassermusik

»Die Charts der Wassermusik« hieß ein Konzert des Bruckner Orchesters Linz unter Dennis Russell Davies, ein Konzert für Kinder an einem Sonntagvormittag. Ich gab die Information an die Eltern weiter und freute mich, dass einige Familien sich die Zeit nahmen und das Konzert besuchten.

»Was in aller Welt hat Wasser mit Musik zu tun?« fragte der Moderator. Mit ihm und dem Bruckner Orchester begaben wir uns auf abenteuerliche Zeitreise durch die Jahrhunderte, »auf der die Noten nur so flogen, wie Regentropfen im Sturm«.

Später hörten wir Smetanas »Moldau« noch mehrmals im Kindergarten. Die Kinder malten dazu.

Nico: »Bei der Musik müssen viele Steine im Fluss sein, weil sonst kein Wirbelsturm kommt. Ich hab das beim Wasser gehört, wie die Wellen auf die Steine geschlagen haben.«

Jan: »Ich hab mir bei der Musik gedacht, dass die Wellen immer schneller werden und immer größer.«

Nico: »Dann werden sie auch stärker.«

Jan: »Das Wasser sammelt sich von den kleinen Wellen zu großen Wellen. Das hört man in der Musik ganz genau.«

Mario: »Ich hab die großen und die kleinen Wellen gehört und hab das ganz verschieden gemalt.«

Nico: »Wasser hat immer andere Farben.«

Simona: »Die leisen Töne haben mir so gut gefallen, deshalb hab ich sie lila gemalt.«

Julia: »Das Rauschen vom Wassers war so schön. Ich hab Steine gemalt, wo man die Wassertropfen sieht. Das sind die Punkte.«

Jakob: »Ich hab die Wellen in der Musik gehört. Darum hab ich dann das Schiff gemalt. Die Wellenmusik war so schön.«

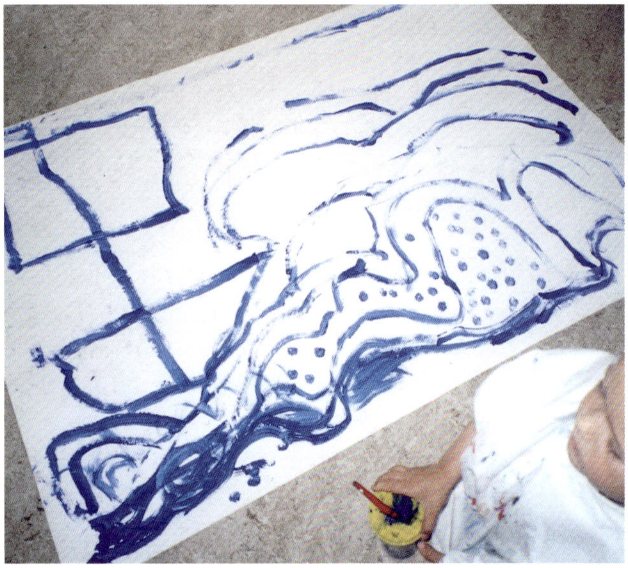

Emina: »Die Geräusche vom Wassers mag ich so gern. Das ist wie am Meer.«

Julia: »Aber wenn das Wasser über die Steine fließt, rauscht es ganz anders.«

Jan: »Das Wasser hat voll die starke Strömung, aber wenn es bei den Steinen so herunterplatscht...«

Mario: »Ja, ein Wasserfall!«

Jan: »... dann sieht man, dass es viele kleine Tröpfchen sind.«

Der Wasserfall

Was ist ein Wasserfall?

Mario: »Wenn das Wasser oder ein Bach über einen großen Stein fließt.«

Julia: »Und da spritzt es dann so weg.«

Nico: »Wenn es über einen Felsen rinnt, entsteht ein Wasserfall«

Jan: »Wenn die Strömung sehr stark ist und das Wasser tief hinunter fällt.«

Sebastian: »Bei einem Wasserfall kommt das Wasser von oben und stürzt in die Tiefe.«

Jan: »Es fällt, darum heißt es ja Wasserfall!«

Emina: »Ich hab auch schon einmal einen Wasserfall gesehen.«

Nico und Emina beschlossen, mit Tüchern einen Wasserfall zu bauen. Da fiel mir mein afrikanisches Wickelgewand ein – einige Meter Stoff, dessen Muster an Wasser erinnert. Als ich es, kunstvoll um mich gewickelt, den Kindern einmal vorführte, meinten sie, ich sähe aus, als hätte ich mich in Wasser eingewickelt. Am nächsten Tag brachte ich es mit und bot es den beiden Kindern an.

Nico hatte die Idee, den Stoff als Wasserfall vor der Pflanze in der Zimmerecke herunterhängen zu

Bekannte und berühmte Wasserfälle

Wasserfall der Kita-Gruppe 7 (Linz)	3 Meter
Rheinfall (Schweiz)	21 Meter
Livingstone (Zaire)	40 Meter
Stanley (Zaire)	45 Meter
Niagara (USA)	51 Meter
Iguacu (Argentinien/Brasilien)	72 Meter
Victoria (Sambia/Simbabwe)	120 Meter
Triberger Fälle (Deutschland)	163 Meter
Vettisfoss (Norwegen)	275 Meter
Krimmler Fälle (Österreich)	380 Meter
Sutherland (Neuseeland)	570 Meter
Yosemite (USA)	740 Meter
Angel (Venezuela)	978 Meter

lassen. Aber das klappte nicht so, wie er es sich vorstellte. Deshalb fragte er mich, ob ich einen langen Stock hätte. Ich machte mich auf die Suche. Im Keller fand ich eine Teleskopstange. Daran befestigten wir den Stoff, und damit war meine Mission erfüllt. Der Wasserfall konnte zu Tal stürzen...

Später begannen Nico, Emina und Jan, eine Landschaft rund um den Wasserfall zu bauen. Emina: »Wir brauchen die blauen Glassteine, weil das die Tropfen sind.«

Aber Jan brachte grüne Steinchen: »Die sind mit Algen überwachsen.«

Im Kordelkorb wurde nach blauen Kordeln gesucht, und Wassertiere – Frösche, Fische, Seehund, Nilpferd, Schnecke und Muscheln – belebten die Landschaft. Als Nico mit einem Schwein kam, meinte Nikola: »Ein Schwein lebt doch nicht im Wasser!«

Nico: »Aber Wasser trinken kann es.«

Mit einem Picknick am Wasserfall feierten die Kinder ihr Bauwerk.

Nach cirka vier Wochen wollte ich den »Wasserfall« wieder abmontieren, aber die Kinder protestierten heftig und meinten: »Wir wollen ihn größer machen!« Das taten sie auch, und von nun an wurde unter dem Wasserfall gespielt...

Nach weiteren drei Wochen beschlossen sie: »Wir montieren den Wasserfall ab. Wir haben eine neue Idee.« Es entstand ein Fluss.

Nico: »Das ist ein Super-Fluss, aber um den Wasserfall ist es schade.«

Simona: »Wir brauchen eine Brücke.«

Nico: »Genau! In Linz haben wir mehrere Brücken. Ich weiß das, denn wenn wir auf den Urfahraner Markt[24] gehen, müssen wir über die Donaubrücke.«

Jan: »Da gibt es mehrere Brücken!«

Nico: »Weiß ich eh.«

24 Traditioneller Markt, der im Frühjahr und im Herbst im Linzer Stadtteil Urfahr abgehalten wird.

Brücken

David, fünf Jahre:
Brücke über die Donau in Linz

Jan: »Früher, in alter Zeit, haben die Menschen viel aus Steinen gemacht, weil sie sonst nichts gehabt haben, und das war sehr mühsam.«

Sebastian: »Noch schwieriger ist es aus einem Felsen.«

Wofür braucht man eine Brücke?

Simona: »Wenn man wo hinüber will.«

David: »Über die Donau.«

Emina: »Oder über eine Straße.«

Sebastian: »Für die Autobahn auch.«

David: »Und für die Eisenbahn.«

Jan: »Wenn man über eine Schlucht will.«

Jakob: »Ich hab in der Sandkiste eine Brücke gebaut.«

Woraus kann eine Brücke sein?

Aus Stein, aus einer Mauer, aus Holz, aus Metall wie die Eisenbahnbrücke über die Donau, aus Bausteinen, aus Kapla-Steinen, aus Ästen, aus Sand, aus Papier...

Nach Brückenkonstruktionen aus Schachtelbausteinen entstanden nun auch in der Bauecke verschiedene Brücken. Die meisten waren allerdings einsturzgefährdet...

Nico: »Ich hab eine Donaubrücke gebaut. Eine Gehbrücke, eine Fußgängerbrücke, weil es auf der anderen Brücke gefährlich ist, da fahren Autos.«

Jan: »Über die Donau gibt es viele Brücken.«

Mario: »Auch eine Autobahnbrücke.«

Sebastian: »Und die Nibelungenbrücke.«

Mario: »Die kenn ich, weil das da ist, wo die Straßenbahn drüber fährt.«

Nico: »Und ich bin schon 100 Mal über die Voest-Brücke gefahren!«

Leben am und im Wasser

In der Wasserbibliothek gab es verschiedene Bücher über Tiere und Pflanzen am Wasser, die sich die Kinder immer wieder holten, aber ihr Interesse entflammte erst wirklich, als Jakob ein Glas mit Kaulquappen mitbrachte. Es war die Sensation des Tages.

Die Kaulquappen standen unter permanenter Beobachtung. Eines Tages fragten sich die Kinder, ob die Kaulquappen genug Luft bekommen. Der Deckel des Glases wurde durch eine Papierabdeckung ausgetauscht und mit vielen Löchern versehen.

Nico: »Wenn du mit der Lupe schaust, siehst du, wie groß die Löcher sind.«

Sebastian: »Die kriegen jetzt genug Luft.«

Jan: »Ja, sie sollen Frösche werden und nicht ersticken.«

Weil Frösche aus den Kaulquappen werden sollten, machten sich die Kinder Sorgen, ob die Tierchen auch genug zu fressen haben.

Sebastian: »Wir brauchen Kaulquappenfutter! Jakob, kannst du noch was mitbringen, deines kennen sie schon.«

Jan: »Das ist wie Fröschefutter, nur kleiner.«

Nico: »Frösche fressen aber Fliegen.«

Julia: »Ja, und sie fangen sie mit der Zunge.«

Jan: »Die ist so klebrig. Wenn eine Fliege in die Nähe kommt, hat sie keine Chance.«

Jakob erklärte sich bereit, für Nachschub an Futter zu sorgen. Es war auch höchste Zeit, fanden die Kinder, denn die Kaulquappen hatten alles aufgefressen. Wir suchten ein größeres Glas für sie aus und taten auch einige Steine hinein.

Jakob: »Da können sie sich verstecken.«

Julia: »Und ausruhen.«

Nico: »Wenn der Nikola so nahe hingeht, dann fürchten sie sich vielleicht vor der Lupe, weil sie immer so schnell herumschwimmen...«

Nikola: »Gar nicht! Sie sind froh, dass ich sie besuche.«

Lernen durch Beobachten, Schauen, Betrachten, Nachschauen, Entdecken, Erkennen, Forschen, Weiterforschen, Suchen, Finden, Verstehen, Durchschauen, Überlegen, Differenzieren, durch das Ken-

nenlernen von Lebensbedingungen und die Übernahme von Verantwortung...

Jakob sorgte regelmäßig für Futternachschub und brachte Wasserpflanzen von daheim mit. Er berichtete von seinen Kaulquappen zu Hause und stellte Vergleiche an: »Die im Kindergarten sind noch viel kleiner. Vielleicht möchten sie ins Freie...«

Wir stellten das Glas ins Freie, und irgendwann waren alle Kaulquappen verschwunden. Die Kinder bedauerten dies sehr, trösteten sich aber damit, dass sie »wahrscheinlich als Frösche davon gehüpft sind«.

Was ein Forscher braucht

Seine Fortsetzung fand das Thema »Wassertiere« im Biologiezentrum des Landesmuseums. Nachdem wir uns im Foyer bei den Spinnen umgesehen hatten, begaben wir uns mit der Museumspädagogin ins Forscherzelt.

Jakob: »Da haben wir dann die Augen zugemacht, damit wir besser hören können.«
Nico: »Und damit man besser spüren kann.«

Ein Stockentenpaar beeindruckte die Kinder besonders. Nico, beim Betrachten einer Feder: »Das waren einmal echte Enten...«

Was braucht man, wenn man forschen will?

- Eine Lupe,
- ein Diktiergerät »zum Geräuscheaufnehmen«,
- gute Augen und gute Ohren,
- Geduld »beim Warten auf ein Tier«,
- ein Fernglas,
- Jan: »Einen Pinsel, denn kleine Tiere darf man nur mit einem Pinsel berühren, damit man sie nicht erschreckt.«
- Nico: »Ein Führgerät, also einen Kompass.«
- Mario: »Ganz viel Zeit.«
- Jan: »Und man muss viel wissen. Zum Beispiel, dass die Mama Ente gut getarnt ist, damit sie niemand beim Brüten stört. Und der Papa heißt Enterich.«

Am Teich

Im Freigelände des Biologie-Zentrums wurden wir von Froschgequake in allen Tonlagen begrüßt. Ein Frosch war darunter, der meckerte wie eine Ziege. Die Kinder fanden das sehr lustig.

Julia: »Ein kleiner, runder See mit Kaulquappen.«
Nico: »Und Fröschen.«
Jan: »Ohne Frösche gibt's auch keine Kaulquappen!«
Jakob: »Da müssen zuerst Froscheier sein.«
Simona: »Fische gibt es auch in einem Teich.«
Roman: »Und Schildkröten.«
Jan: »Und Ringelnattern.«
Julia: »Krabben.«
Sebastian: »Ich hab verstanden: Ratten.«
Jan: »Kann es geben: Wasserratten.«

Tiere und Pflanzen, die den Kindern noch einfielen: Enten, Storch, Schwan, Wasserschnecken, Libellen, Bienen, Wespen, Fliegen, Mücken, Kröten, Algen, Moos, Seerosen, Schilf, Sumpfpflanzen, Gras, Teichmolche, Gelbrandkäfer, so kleine Wassertierchen,

Wasserschlauch, Schmetterlinge, verschiedene Vögel, Bäume, die es nass mögen...
Jan: »Manche brauchen nämlich viel Wasser.«

Das Wort »Teich« inspirierte die Kinder zu allerlei Wortschöpfungen: Teichblume, Teichrose – »Nein, das heißt Seerose«, Teichschilf, Teichmolch, Teichmuschel, Teichtiere, Teichwasser, Teichente, Teichgedicht, Teichzeichnung, Teichspaziergang, Teichbesichtigung, Teichbesuch, Teichbewohner, Teichpflanze, Teichbaum, Teichvogel, Teichsand, Teichgras, Teichstein, Teichfarbe...
Jan: »Ich weiß noch was: Biologiezentrum-Teich.«

Am Teich im Biologiezentrum gab es einen Forschertisch, an dem viel zu entdecken war. Kleintiere, die im Teich ihren Lebensraum haben und sonst kaum beachtet werden, wurden auf einmal interessant.

Was ist ein Teich?

Ein Teich ist ein kleines, stehendes Gewässer mit Verlandungszone, ein künstlich angelegtes, ablassbares, der Fischhaltung dienendes, flachgründiges Gewässer, das während seiner Bespannung gegen den Wechsel der Fische mit Hilfe eines Regulierbauwerks ständig abgesperrt ist. Es gibt Laich-, Brut-, Setzlings-, Winterungsteiche, Abwachsteiche und Abwasserfischteiche. Außerdem gibt es den Himmelsteich, den Mühlenteich, den Feuerlöschteich und den Klärteich.[25]

Mit Lupen konnten die Kinder sie in kleinen Küvetten beobachten. Auf Schautafeln begegneten sie ihnen wieder.

Zum Beispiel dem Gelbrandkäfer. Dieser räuberische Schwimmkäfer beeindruckte die Kinder. Er kann bis zu 5 Zentimeter groß werden und ist schwarz mit gelbem Rand. An den Hinterbeinen hat er Schwimmborsten. Zum Luftholen muss er an die Wasseroberfläche.

Larve und Käfer leben im Süßwasser, fressen Kaulquappen, Molche und kleine Fische. Das Weibchen legt die Eier mit einem Legebohrer in die Stängel von Wasserpflanzen.

25 Knaurs Lexikon, Bd. 14

Zu guter Letzt erhielten alle Kinder das »Biologiezentrum-Forscher-Abzeichen«, auf das sie sehr stolz waren. Noch auf dem Heimweg ergaben sich »Teichgespräche«, Erinnerungen wurden ausgetauscht. Obwohl sich die vielen Frösche in den Vordergrund gequakt hatten – die Stockente mit ihrem Entenkind hatte es allen Kindern am meisten angetan.

Im Kindergarten wurden die Erinnerungen zu Papier und auf Papier gebracht. Neben Froschteichen entstanden Ententeiche: gemalt und ausgeschnitten, gefaltet und aufgesteckt oder geklebt.

David bewies außergewöhnliches Zeichentalent. Seine Enten erregten Aufsehen unter den Kindern. Alle wollten Davids Enten. Er nahm Bestellungen entgegen und zeichnete Enten ohne Ende… Für mich malte er einen Ententeich – mit Katze.

Doch das Thema »Teich« war noch lange nicht erschöpft. Nun wollten die Kinder einen »ganz großen Teich«. Jan hatte begonnen, den Teichumriss zu zeichnen, und schnitt ihn aus. Nico hatte für seinen kleinen Ententeich so viel »Schilf« geschnitten, dass er genug übrig hatte, um es auf den großen Teich zu kleben. Dabei blieb er nicht lange allein…

Auch ich leistete einen Beitrag und setzte Frösche aus Schokolade in und um den Teich. Die Kinder meinten, dass sie bei diesen Fröschen gerne Störche wären.

Mario: »Wenn wir sie alle aufessen, ist der Teich leer.«

Nico: »Malen wir halt neue.«

Jakob: »Oder falten.«

Nikola: »Genau. Und dann draufkleben.«

Mario: »Ja, sonst fallen sie herunter.«

Als die Schokoladenfrösche aufgegessen waren, brauchten wir neue Teichbewohner aus Papier. David hatte den »Frösche-Faltvorgang« schnell durchschaut und war den anderen Kindern behilflich.

Lange standen die Frösche im Mittelpunkt. Immer wieder fanden die Kinder neue Froschbilder, die sie

mitbrachten. Und Jakobs Geburtstagseinladung wurde von einem Frosch überbracht.

Im Laufe der Zeit war der »Lebensraum Teich« im Kindergarten gewachsen: Anfangs gab es den Teich mit Schilf, dann kamen die gefalteten Frösche. Die Kinder meinten, dass auch Kaulquappen und Froscheier dazugehören. Schließlich folgten Enten,

Frösche

Es gibt 4.000 Arten von Fröschen. Frösche sind zumeist kleine, gedrungene Tiere mit vorstehenden, seitlich auf dem Kopf sitzenden Augen, die ihnen ein enorm weites Blickfeld verschaffen, sowie äußeren Trommelfellen hinter den Augen. Den erwachsenen Tieren fehlt ein Schwanz; ihre mit Schwimmhäuten versehenen Füße machen sie aber zu exzellenten Schwimmern. Im Unterschied zu Kröten ha-ben Frösche eine glatte Haut und meist längere Hinterbeinen, mit denen sie weite Sprünge vollführen können.

Viele Frösche, insbesondere die männlichen, sind recht stimmgewaltig. Wenn ein Frosch Luft aus den Lungen presst, versetzt die Luft Stimmbänder im Kehlkopf in Schwingungen, wobei artspezifische Laute erzeugt werden. Besonders laute Rufe produzieren Männchen solcher Arten, die eine Schallblase besitzen; diese schwillt enorm an, wenn das Männchen ruft, um einen Geschlechtspartner anzulocken oder Rivalen zu vertreiben.

Die Zunge der meisten Frösche ist vorn am Maul festgewachsen und mit einer klebrigen Substanz bedeckt, wodurch sie zu einer wirkungsvollen Insektenfalle wird.

Während ihres Wachstums machen Frösche eine Metamorphose durch. Sie legen Eier im Wasser ab, aus denen fischähnliche Larven schlüpfen, die sogenannten Kaulquappen. In diesem Stadium besitzen die Tiere Kiemen und einen Schwanz. Kaulquappen ernähren sich von Algen und anderen Pflanzen. Im Laufe ihrer Verwandlung zum adulten Frosch entwickeln sich Lungen, die Kiemen verschwinden, es entstehen Beine, und der Schwanz bildet sich vollständig zurück.

Frösche leben in erster Linie von Insekten, Spinnen, Hundertfüßern. Im Wasser lebende Frösche fressen bisweilen andere Lurche, Kaulquappen und kleine Fische.

Feinde der Frösche sind: Störche, Wasservögel, Raubfische, Schlangen, Alligatoren, Igel, Dachs, Fischotter.[26]

26 Aus: Encarta Enzyklopädie

Schnecken, Wasserschlangen, Schmetterlinge, Mücken, Seerosen, mehr Schilf, Steine...

In unserer Wasserbibliothek waren die Kinder immer wieder anzutreffen. Sie suchten den Ort auf, um sich zurückzuziehen, um etwas nachzuschauen oder zu beobachten, um in verschiedenen Büchern zu blättern, um neue Erkenntnisse zu gewinnen, Veränderungen festzustellen...

Jan war häufig dort anzutreffen, weil er Bestätigung oder Antwort auf eine Frage suchte oder seine Erkenntnisse anderen Kindern mitteilen wollte. Eines Tages sagte er: »Ich hab jetzt das Frösche-Buch angeschaut und weiß: Die Natur bestimmt das Leben! Klein frisst noch Kleineres. Das hat Gott gemacht, das kann ich mir so vorstellen. Der Glaube an Gott ist ungebrochen.«

Welche Tiere am und im Wasser kannten die Kinder? Sie zählten auf: Frosch, Kaulquappe, Schlange, Wasserschlange, Ente, Hai, Krebs, Delphin, Muscheln, Kröte, Krokodil, Seestern, Wasserspinne, Schwan, Nilpferd, Seepferd, Flusshippo, Clownfisch, Schwertfisch, Anemonenfisch, Zackenfisch, Säbelfisch, Kugelfisch, Steinmolch, Teichmolch, Oktopus, Krake, Tintenfisch, Wal, Neonfisch, Regenbogenfisch, Blaufisch, Lachs, Höhlencalamari, Hecht, Rochen, Königsskorpion, Hammerhai, Forelle, Qualle, Leuchtender Fisch, Kaiserskorpion, Wasserfloh, Wasserläufer, Goldfisch, Gelbrandkäfer, Libelle, Fliegen, Bienen, Mücken, Wasserschnecke, Korallen, Stockenten, Biber, Fischotter, Sumpfhuhn, Bachstelze, Storch, Reiher, Seeigel, Seepferdchen, Pinguine, Seehund, Robben, Eisbären, Möwen und immer wieder: Fische...

Fische

Fische sind Wasser bewohnende wechselwarme Wirbeltiere, Körper gewöhnlich mit Schuppen bedeckt, meist spindelförmig mit paarigen Brust- und Bauchflossen (die den Extremitäten der Vierbeiner entsprechen) und je einer Rücken- und Schwanzflosse; Skelett knorplig (Knorpelfische) oder knöchern (Knochenfische), über dem Damm meist eine Schwimmblase, Atmung durch Kiemen.

Fische sind Eier legend oder (seltener) lebend gebärend. Ihre mehr als 20.000 Arten können eingeteilt werden in: Knorpelfische (mit Haien, Rochen, Seedrachen) und Knochenfische (mit Altflossen, Neuflossen und Quastenflossen).

Fische sind hochwertige Nahrungsmittel. Im Handel wird zwischen Süßwasserfischen (zum Beispiel Forellen, Karpfen, Aale, Hechte, Zander, Barsche, Felchen, Lachse) und Seefischen (zum Beispiel Kabeljau, Kölner, Rotbarsche, Schellfische, Heringe, Sprotten, Makrelen, Thunfische, Schollen, Seezunge, Heilbutt) unterschieden.

Die Vielfalt, die Arten, Farben und Formen dieser Wasserbewohner faszinierte die Kinder, und sie fanden immer wieder Neues zum Thema »Fische«: Bilder, Karten, Zeitungsausschnitte, Bilderbücher, Sachbücher und Fische aus verschiedenen Materialien fanden den Weg zu uns in den Kindergarten. In der Wasserbibliothek oder im Museum wurde alles ausgestellt, und es entstanden immer wieder neue Aktivitäten rund um dieses Thema: zeichnen, Fantasiefische malen, falten, Collagen gestalten...

Aus Schuhschachteln und einer Holzkiste entstanden Aquarien, mit denen die Kinder spielten. Dabei gaben sie den Tieren ihre Stimmen. Jakob und Nico spielten »Wir machen Urlaub am Meeresgrund«.

»Brigitte, ich muss dir was Aufregendes erzählen«, sagte Jan eines Tages. »Mein Onkel arbeitet in einem Fischgeschäft. Da ist ein Herr gekommen. Im Aquarium, wo mein Onkel die Fische hat, da war ein Fisch, der komisch war. Da hat der Herr gesagt: ›Ich glaub, der Fisch ist tot.‹ Mein Onkel; ›Ah, das ist gut – neues Futter. Den können wir zum Rotfeuerfisch rein geben.‹ Der Rotfeuerfisch schaut so ähnlich aus wie der Blutbarsch, nur spitzere Zähne hat er und ein bisschen dunkelroter ist er.

Das Aufregendste ist, dass der Onkel noch Piranhas hat. Das Rotfeuerfischbaby ist gleich bei der Geburt gestorben. Der Onkel hat's dann zu den Piranhas gegeben, und die haben sich um das Babyfleisch gestritten, weil es vier Piranhas waren. Da haben die nur wenig bekommen. Das Gefährlichste bei den Piranhas ist, dass man das Fleisch nicht würzen darf, weil sie sonst sterben.«

Auch Sebastian hörte gespannt zu, und dann übertrafen die Jungen einander beim Erzählen von Schauermärchen und Horrorgeschichten über Raub-

fische und andere gefährliche Begegnungen im Meer und im Keller.

Gewässer aus Papier und Folie

Aus verschiedenen Kartons und »Regenbogenfisch«-Papier, irisierenden Folien, die tatsächlich Ähnlichkeit mit den in allen Farben spielenden, glänzenden Schuppen des Regenbogenfischs aufweisen, entwarfen Sebastian und Nico Fantasiefische. Als sie fertig waren, verlangten sie blaue Folie. Nico erklärte: »Ich meine die Donaufolie.«

Die Jungen wollten einen Fluss haben, in dem die Fische schwimmen können. Es sollte ein langer und großer Fluss werden, darum wurden zwei Tische der Länge nach zusammengestellt.

Nico: »Die Donau!«

Sebastian: »Oder ein Fluss in Afrika.«

Nico: »Der Nil, und da schwimmen Krokodile…«

Krokodile

Zwar wollten Sebastian und Nico die Donau bauen, aber als die Idee mit den Krokodilen aufkam, wurde der Nil daraus. Mit Jakob und Jan kamen weitere Ideen ins Spiel: Fische, ein Staudamm, Sand, Steine und »ein friedliches Krokodil«, wie Jan meinte.

Diese Tiere hatten es den Kindern angetan. Immer wieder brachten sie Krokodile verschiedener Größe und aus unterschiedlichsten Materialien mit.

Sebastian: »Jetzt bauen wir eine Insel für die Krokodile.«

Nico: »Ja, unter Wasser können sie nicht so lange bleiben, sonst sterben sie.«

Jan meinte, die Krokodile dürften nicht alle zusammenbleiben. Also wurden weitere Inseln gebaut. Als sich die Kinder um die Krokodile zu streiten begannen, musste ich eingreifen und schlug vor, die Kro-

Krokodile

Die heute lebenden Arten kommen weltweit in Gewässernähe tropischer und subtropischer Gebiete vor. Sie verbringen die meiste Zeit im Wasser, wo sie sich durch seitliche Schlängelbewegungen ihres kräftigen, seitlich abgeflachten Ruderschwanzes (nicht selten lautlos) schwimmend fortbewegen. Bei Krokodilen, die sich im Wasser treiben lassen, sind oft nur die vorstehenden Nasenlöcher sowie Augen und Teile des Rückens sichtbar.

Das Wasser verlassen Krokodile vor allem, um sich zu sonnen oder um Eier abzulegen. Die Weibchen vergraben 20 bis 100 weiße, gänseeiergroße Eier im Sand, Schlamm oder in einem Nisthügel aus Pflanzen. Danach verlassen die Tiere das Gelege und lassen die Eier durch die Wärme der Sonne oder die Wärmeproduktion faulender Pflanzen ausbrüten. Die Weibchen mancher Arten bewachen das Gelege während der gesamten Brutdauer und Brutpflege.

An Land bewegen Krokodile sich meist auf dem Bauch kriechend fort, doch können sie auch hochbeinig laufen. Ausgewachsene Krokodile haben nur den Menschen als Feind.

Krokodile ernähren sich von Krebstieren, Fischen, Amphibien, Reptilien, Vögeln und Säugetieren bis zur Größe von Büffeln, Flusspferden oder Löwen.

Das maximal sechs Meter lange Krokodil bewohnt weite Teile Afrikas und Madagaskars. Es ist auf dem afrikanischen Kontinent von Ägypten im Norden – im unteren Nil wurde es allerdings bis auf wenige Tiere ausgerottet – bis Südafrika im Süden sowie von Senegal im Westen bis Somalia im Osten verbreitet und kommt sogar als kleine, maximal gut zwei Meter lange Wüstenform in Savannenrelikten der Sahara vor.

Der Gesamtbestand des Nilkrokodils wurde 2001 auf eine viertel bis halbe Million Tiere geschätzt.[27]

kodile aufzuteilen. Vorschlag abgelehnt! Schließlich einigten die Kinder sich doch auf ein Miteinander der Tiere.

Jan holte sich ein Buch aus der Wasserbibliothek und sagte: »Sebastian, beim Sonnen müssen die Krokodile das Maul offen haben. Weißt du noch, was wir gestern besprochen haben? Die Krokodile fürchten sich vor dem Waran, weil der die Krokodileier frisst.«

Sebastian: »Ich hab einmal einen Film gesehen, da hat einer dem Krokodil das Maul zugebunden und es in einen Käfig gesperrt.«
Jan: »Das hat dem Krokodil sicher nicht gefallen.«

Eines Tages machte mir Jan ein Buch zum Geschenk. Seine Mutter versicherte mir, sie habe nur das aufgeschrieben, was Jan ihr diktierte.

27 Aus: Encarta Enzyklopädie

Vom Leben der Krokodile
Jan Frederik Oegerer

Die meisten Krokodile leben in Afrika und Südamerika. Bekannt sind die Nilkrokodile, weil sie am Nilfluss leben. Die kleinen Krokodile heißen Dschung-letten.

In den Wasserlöchern lauern die Krokodile. Sie warten auf Beute. Die Tiere ernähren sich von Fleisch und Gras.

Manche Krokodile kühlen sich ab, wenn sie das Maul offen halten.

Die Krokodile kommen auf die Welt, wenn das Ei einen Spalt besitzt. Dann schlüpfen sie heraus, und die Mütter tragen sie mit ihrem Maul ins Wasser.

Wenn die Krokodile die Beute fangen, springen sie blitzschnell aus dem Wasser und rollen sich, bis die Beute tot ist. Sie fressen das ganze Tier bis auf ein paar Knochen, und die Knochen sinken bis zum Boden.

Die Krokodile sind die wahrhaftesten Tiere. Ihr Kopf sieht dem Alligator und dem Dinosaurier ähnlich. Wenn sie sich bedroht fühlen, schlagen sie mit ihrem Schwanz.

Krokodile können auch Menschen fressen, wenn sie Hunger haben.

Die Illustrationen beschränkten sich – vom Titelbild abgesehen – auf ein Krokodil. Jans Stärke lag eben im verbalen Ausdruck und nicht so sehr im Illustrieren. Ganz stolz überreichte er mir das Geschenk und betonte, es sei sein erstes Buch. Er plane aber, noch weitere zu schreiben.

Als ich ihn fragte, ob er mir erklären könne, warum Krokodile die »wahrhaftesten Tiere« seien, antwortete er souverän: »Ach weißt du, das kann ich dir auch nicht erklären. Das habe ich im Fernsehen gehört...«

Natürlich brachte ich Jans Buch in den Kindergarten mit. Alle Kinder sahen es sich interessiert an.

Jan: »Das habe ich geschrieben, weil Krokodile mich interessieren. Die sind lieb, vor allem die kleinen. Die großen Krokodile sind schon ein bisschen böse.«

Jakob: »Sie haben so Schuppen, die gefallen mir.«

Jan: »Das sind Schuppen-Platten. Sie haben eine Schildhaut. Wenn die Nilpferde kommen, können sie nicht so fest draufdrücken, weil die Panzerhaut sie schützt.«

Julia: »Und spitze Zähne haben sie auch.«

Jan: »Aber die brechen leicht ab.«

Julia: »Weil sie keine Zahnbürste zum Putzen haben.«

Jan: »Ich hab das Buch von den Krokodilen mit Brigitte angeschaut. Da steht drin, dass die Zähne gleich wieder nachwachsen.«

Mimi: »Ich hab keine Angst vor den Krokodilen!«

Roman, der sich normalerweise von allem distanziert, was eine Gefahr darstellen könnte: »Ich mag Krokodile auch. Ich hab nur Angst, wenn sie nicht weit weg sind.«

Die Krokodile in unserer Gruppe vermehrten sich rasch Eines Tages brachte ich ein hölzernes Klapperkrokodil mit. Die Kinder fanden Gefallen daran

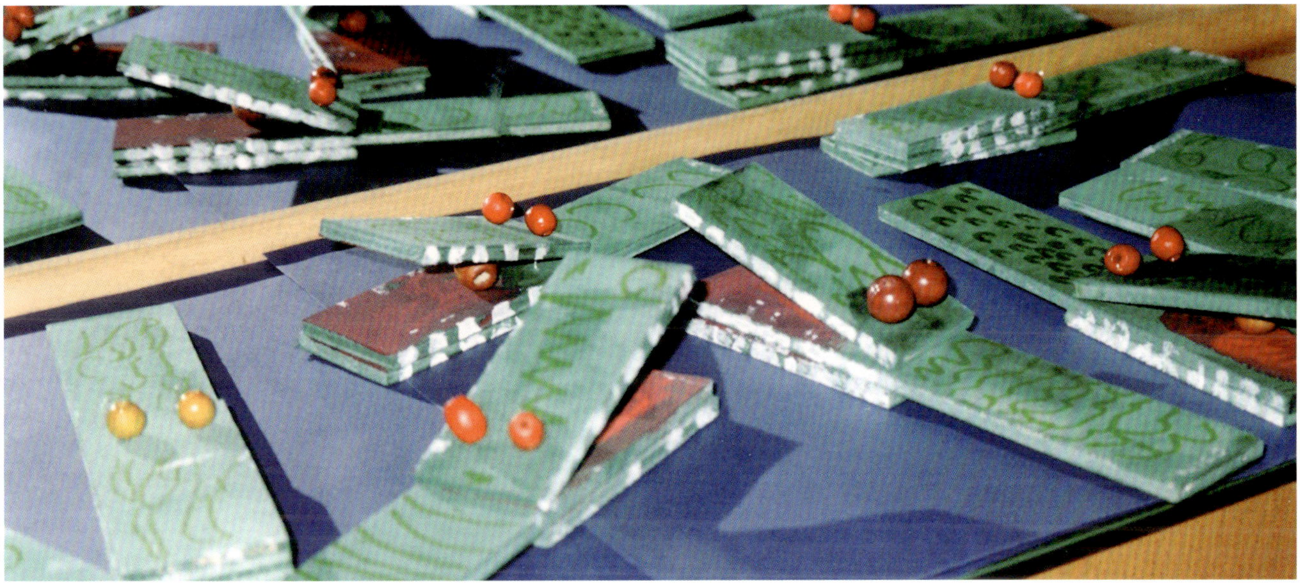

Ein für mich besonderes Krokodil, welches mich schon seit über vierzig Jahren begleitet. B.R.

und wollten auch so ein »Holzkroko« haben. Wir überlegten, was dazu gebraucht wird. Jakobs Vater besorgte uns das Holz, schnitt die Teile zu und bohrte die Löcher. Kugeln besorgte ich. Farben und Pinsel waren vorhanden. Es konnte losgehen...

Beim Zusammenbau war zwar Gemeinsamkeit gefragt – dennoch wählten die Kinder unterschiedliche Wege. Inzwischen bauten Mario und Roman eine Flusslandschaft für alle Krokodile.

Mario: »Ich baue jetzt Krokodil-Wohnungen, dann haben sie's schön und sind geschützt.«
Roman: »Ja, vor dem Tornado!«

Von der Quelle zum Meer

Mit Hilfe des Buches »Der Fluss«[28] folgten wir einem Wasserlauf von seiner Entstehung in den Bergen bis zu seiner Mündung, an der das Wasser ins Meer fließt und darin verschwindet. Über den stetigen Kreislauf des Wassers wussten die Kinder mittlerweile bestens Bescheid.

Jan: »Es muss regnen. Das Wasser versickert dann im Boden und kommt irgendwo wieder heraus.«

Sebastian: »Ja, im Wald.«

Julia: »Ich hab da schon eine kleine Quelle gesehen, und das Wasser war sehr kalt.«

Ich erklärte den Kindern, dass man dieses Wasser Grundwasser nennt, und versprach, ihnen bei einer Wanderung auf den Linzer Hausberg, den Pöstlingberg, eine Quelle zu zeigen.

Es gibt mehrere Möglichkeiten, auf den Linzer Pöstlingberg zu kommen. Wir entschieden uns für die interessanteste Variante: durch Wald und Feld. Das Wetter war für unser Vorhaben ideal, und die Kinder waren kaum zu bremsen, denn sie waren gespannt auf die wundertätige Quelle, das »heilige Bründl« in einer kleinen Felsgrotte. Da wollten wir hin.

Allein der Weg dorthin war schon spannend. Überall sahen die Kinder etwas Geheimnisvolles. Auf dem Waldboden entdeckten sie Spuren und überlegten, wer sie hinterlassen haben könnte: Bären, Wölfe, Füchse...

28 Mettler, R.: Der Fluss. ars Edition, München 2002

Nico: »Wenn der Boden nicht so trocken wäre, könnte man es besser sehen.«

Mittlerweile waren wir bei der legendären Quelle angekommen. An den Wochenenden stehen die Leute hier manchmal Schlange, da wenig Wasser heraus rinnt und manche mehrere Gefäße füllen wollen.

Ich weiß nicht, welche Wunder dieses Wasser vollbringt, wofür oder wogegen es wirkt – uns hat es erfrischt.

Jan entdeckte die gefasste Quelle – früher sagte man Brunnstube dazu – als erster: »Das schaut aus wie ein Backofen.«

Nico: »Wie der von der Frau Holle.«

Jan: »Das ist eine Quelle! Und damit kein Tier hineinfällt, ist das Türchen davor.«

Wieder übte das Wasser eine magische Anziehungskraft auf die Kinder aus. Alles wurde untersucht, beobachtet, Verschiedenes wurde entdeckt.

Nico suchte nach Kaulquappen. Die fand er nicht, aber einen Stein nahm er als Erinnerung mit. Ein Stückchen weiter oben fanden wir noch eine Quelle, aus der wir Wasser für unser Museum schöpften.

Sebastian freute sich: »Nico, dieses Wasser ist noch besser als das untere.«

Unterwegs wussten einige Kinder der Gruppe, die mit ihren Familien Ausflüge und Wanderungen unternehmen, zu berichten:

- »Im Wald ist es kühl.«
- »Das ist im Sommer angenehm.«
- »Da ist man froh, wenn wo eine Quelle heraussprudelt.«
- »Die Tiere brauchen auch Wasser.«
- »Alle brauchen Wasser.«
- »An der Quelle kommen viele Leute vorbei.«
- »Die Quelle erlebt da was.«
- »Das Wasser fließt über die Steine, und die sind dann so glitschig.«
- »Manchmal ist Moos drauf.«
- »Da muss man aufpassen, dass man nicht ausrutscht.«

Ich erzählte den Kindern, dass das Wasser, wenn es über Steine fließt, kleine Wasserfälle bildet und durch die Strömung, die dabei entsteht, mit Sauerstoff angereichert wird. Kleine Tiere und Insektenlarven leben hier.

Jan: »Ja! Überall, wo Wasser ist, gibt es Leben.«

Mimi: »Wissen wir schon. Wasser ist Leben.«
Julia: »Und Wasser verändert alles.«

Ein Bächlein wird größer, wenn ein weiterer Wasserlauf dazu fließt, und wird ein Bach. Viele Pflanzen säumen sein Ufer: Gras, Blumen, Bäume, Sträucher, Schilf, Büsche...

Sebastian: »Viele Pflanzen wollen es ganz nass haben.«
Nico: »Aber nicht alle!«

Viele Tiere tummeln sich im Bett eines Bachs: Fische, kleine Krebse, Frösche und – Kaulquappen natürlich.

Mimi: »Der Storch ist da auch gern. Der mag Frösche, und die leben ja im Wasser.«

Jan: »Es gibt aber noch andere Tiere, die am Bach wohnen: Insekten, Mücken und Libellen. Große und kleine...«
Jakob: »Und Enten und Gänse.«

Gefragt, welche Feuchtgebiete es außer kleinen und großen Bächen noch gibt, zählten die Kinder auf: der Teich, der See, ein Weiher, ein Fischweiher, ein Tümpel, der Sumpf, Aulandschaften...

Aus vorangegangenen Gesprächen wussten sie, dass auch dort viele verschiedene Tier- und Pflanzenarten heimisch sind und dass diese Gegenden meist geschützt sind. Außerdem war unsere Wasserbibliothek gut bestückt mit Literatur zum Thema. Immer wieder wurden neue Bücher, Bilder oder Zeitungsausschnitte mitgebracht.

Eine beliebte Informationsquelle war auch das Fernsehen. Ich war überrascht, wie viele Kinder sich die Sendung »Universum« ansehen durften. Da sahen sie vielleicht: Über steinigen und sandigen Grund schlängelte sich ein kleiner Fluss. Wasserpflanzen schwingen sich in den Wellen; Forellen und andere Fischarten, die frisches und sauerstoffreiches Wasser brauchen, fühlen sich wohl im Fluss.

Jan meinte: »Zu einem Bach kann man auch kleiner Fluss sagen, aber die Traun ist ein Fluss. Sie fließt in Stadlpaura, bei meiner Oma. Da habe ich Wasser für's Museum geschöpft.«

Wenn zwei Flüsse zusammenfließen, entsteht ein großer Fluss.

Nico: »In die Donau sind schon viele Bäche und Flüsse hineingeflossen, weil sie so groß ist.«

Sebastian: »Und sie wird noch größer!«

Jan: »Das nennt man dann Strom. Das steht in dem Buch aus der Wasserbibliothek.«

An der Mündung verbreitert sich der Strom beträchtlich, und plötzlich ist er im Meer verschwunden.

Auch das Meer ist ein Phänomen, von dem eine ganz besondere Faszination ausgeht.

Wenn Kinder vom Urlaub am Meer erzählen, leuchten ihre Augen, und die Fantasie geht mit ihnen durch.
Wie ist das Meer? Da sprudelten die Kinder über –

auch jene, die das Meer nur vom Fernsehen oder aus Büchern, von Bildern, Karten, Geschichten, Märchen oder Erzählungen kennen.

»Das Meer kann viele Farben haben, auch türkis oder dunkelblau.«

»Manchmal schäumen die Wellen. Sie sind dann weiß und schmecken salzig.«

»Wenn ein Sturm kommt, sind die Wellen ganz schön groß, aber wenn nur ein Wind geht, sind es kleine Wellen.«

»Das Meer kann auch gefährlich sein.«

»Wenn man nicht aufpasst, kann man ertrinken.«

»Für Schiffe ist es manchmal auch gefährlich, da gibt es Eisberge.«

»In Italien habe ich aber keinen Eisberg gesehen.«

»Am Strand ist es heiß und sandig.«

»Da gibt es Muscheln, Steine, Felsbrocken, Felsen.«

»Am Strand hört die Tiefe auf, da wird's immer knapper, knapper und knapper, und dann ist da der Strand. Wenn man zurückschwimmt, wird's immer tiefer.«

»Manchmal findet man ein Skelett oder ein Haifischgebiss.«

»Wenn man am Strand einer Insel ist, kommt vielleicht ein Piratenschiff vorbei...«

Die Donau

Die Donau ist der zweitlängste Fluss Europas.

Sie ist 2.850 Kilometer lang. Sie durchfließt sieben Länder.

8 Millionen Wirtschaftsgüter werden auf ihr transportiert.

In Österreich gibt es zwei freie Fließstrecken: durch die Wachau und östlich von Wien durch die größte zusammenhängende Aulandschaft Mitteleuropas.

Hier wachsen mehr als 600 Farn- und Blütenpflanzen, und hier leben mehr als 5.000 Tierarten, darunter über 100 Vogelarten und 60 Fischarten.

Wenn von einem Fluss die Rede ist, steht natürlich die Donau bei den Kindern an erster Stelle. Sie sprechen immer von »unserer Donau«. Dieser Fluss ist für jedes Linzer Kind ein Begriff.

»Die Donau – von der Quelle bis zur Mündung ins Schwarze Meer« – so stellte Enes sie sich vor. Er verwendete kleine, runde Kartonplättchen.

In dieser Zeit webten die Kinder, und es entstanden interessante Bilder. Auffällig war, dass sie nur Wolle in den Farben des Wassers verwendeten.

Als Mario sein Werk als »Die Donau« deklarierte, fand er sofort Nachahmer.

Der Donauspaziergang

Vor allem für die Dreijährigen, die erstmals mitgehen durften, war unser Donauspaziergang eine aufregende Angelegenheit. Einige Mütter – zwei mit Baby im Kinderwagen – und zwei Väter begleiteten uns.

Zwar hatten Donauufer und Donaupark Interessantes zu bieten, oberste Priorität galt aber dem Fluss. Es gab Stellen, an denen wir gefahrlos ziemlich nahe ans Wasser gelangen konnten, denn in unserem Wassermuseum fehlte ja noch das Donauwasser.

Schiffsanlegeplätze, Pflanzen im Uferbereich, Wasservögel – alles war für die Kinder spannend und aufregend, besonders die Schiffe. Ein hölzernes Kunstwerk am Ufer bot sich als Pausenplatz an.

Die absolute Sensation waren aber die großen Granitblöcke, die viele »Geheimnisse« in sich bargen...

Sie wurden übrigens zum Auslöser der Projekt-Idee »Sand und Steine«, die uns im nächsten Kindergartenjahr beschäftigen sollte. Nico bedauerte, dass er nicht mehr dabei sein würde, weil er in die Schule kommt. Die Steine hätten ihn schon sehr interessiert, sagte er.

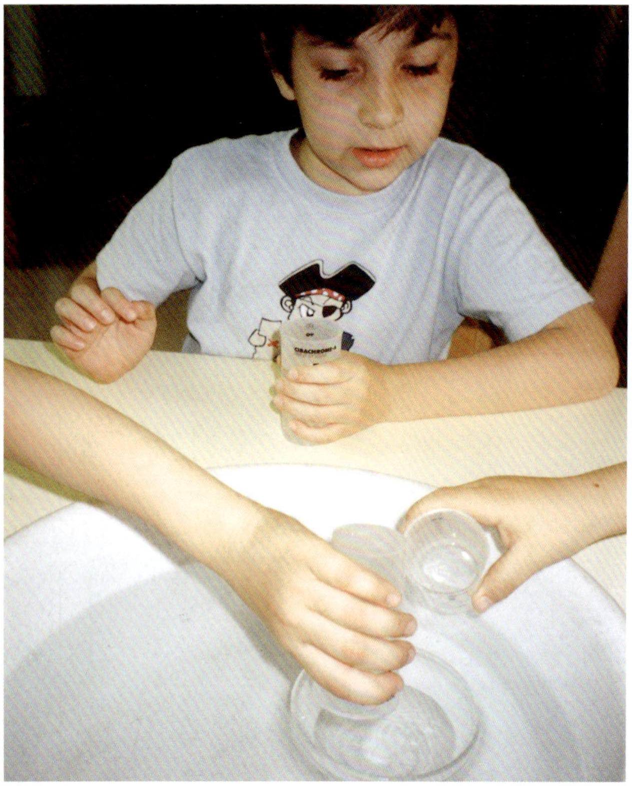

Schiffe versenken

Wie viel Wasser kann man in eine Glasschüssel – unser Schiff – geben, bis es sinkt?

Jedes Kind hatte einen Becher mit Wasser, und reihum schüttete oder träufelte jedes etwas ins »Boot«, bis es sank.

Eine Erinnerung an längst vergangene und wahrscheinlich vergessene Physikstunden: das archimedische Prinzip. Es lautet: Wenn das Gewicht des verdrängten Volumens größer ist als das Eigengewicht, dann schwimmt ein Gegenstand. Wenn es kleiner ist, geht er unter.

Es war interessant, die Kinder bei diesen Aktivitäten zu beobachten: ihre Überlegungen zum Ladevolumen, beim Abschätzen der Menge, die das »Boot« noch vertragen könnte, ihre Versuche, vorsichtig Wasser dazuzugeben, damit die Schüssel mehr aufnimmt, der Vorschlag, dass es sinnvoller sei, zuerst die größeren Steine hineinzugeben, denn »die kleinen haben nicht so viel Gewicht, und gleich am Anfang sinkt das Boot noch nicht«.

Schließlich wollte Nico wissen, was passiert, wenn man das Glasschälchen – unser Boot – umdreht.

Jan: »Das kann ich dir sagen: Es geht unter. Es muss untergehen! Weil: Es hat einfach keinen Sinn. Wenn man viel Wasser rein gibt, dann muss man akzeptieren, dass es untergeht, weil es noch schwerer wird. Denn die Luft zieht sich zusammen, und wenn man's umdreht, geht die Luft nicht rein. Aber das Glas braucht Luft! Die Luft muss von unten angetrieben werden, und wenn man's umdreht, kann die Luft nicht ins Glas, und das Glas geht unter.«

Nico: »Jetzt probier ich's aus.«

Das Boot ging unter.

Nico: »Jan, du hast recht.«

Sebastian: »Wenn die Öffnung nach oben schaut, schwimmt's, und wenn sie nach unten schaut, sinkt's.«

Danach wurde das Schiff mit Edelsteinen beladen. Jan: »Schau her, je mehr drinnen ist, umso schwerer wird's, und dann steigt das Wasser. Und wenn Wasser einfließt, wird's noch schwerer, und dann geht es unter.«

Die Jungen versuchten es mit einer zweiten, anderen Schüssel. Aber sie hatte gleich »Schlagseite«. Nico: »Ja, weil die andere Schüssel unten rund ist, und die ist fast eckig.«

Beim Schiffeversenken ergab sich ein Gespräch über verschiedene Wasserfahrzeuge.

Sebastian: »Meine Mama hat ein Buch, da sind Floße drin.«

Jan: »Ich bin schon einmal mit einem Floß gefahren. Als ich aufgestiegen bin, war das Gefühl ein bisschen unangenehm.«

Sebastian: »Hast du Angst gehabt?«

Jan: »Da sind Fische im Wasser geschwommen, aber große, und da hab ich mich schon ein bisschen gefürchtet.«

Sebastian: »Raubfische auch?«

Jan: »Ja, kleine...«

Floße und Schiffe

Ich erzählte den Kindern, dass Floße in alter Zeit ein wichtiges Transportmittel waren. Vor allem Holzstämme legten, zu Floßen verbunden, lange Strecken auf dem Wasser zurück. Mimi meinte, dass dies sehr praktisch sei, weil man die Baumstämme ja nur ins Wasser rollen müsse.

Nico: »Aber nicht überall ist Wasser. Deswegen werden Baumstämme auch auf Lkws verladen. Ich hab schon so einen Transporter mit Holz gesehen.«

Jan: »Mit dem Zug fahren Baumstämme auch.«

Jan und Sebastian beschlossen, wenn sie groß sind ein riesiges Floß zu bauen, mit dem sie auf Abenteuerreise gehen würden. Dies brachte mich auf die Idee, verschiedene Haselnussstecken zu besorgen. Ich legte sie in die Malecke. Da lagen sie nicht lange…

Nico zu Jan: »Da sind so Stecken, mit denen könnten wir Floße bauen.«

Jan: »Wir brauchen noch Schnüre zum Zusammenbinden. Frag mal die Brigitte, ob sie welche hat.« Ich hatte welche.

Schnell wurden die anderen Kinder auf die Floßaktivitäten der beiden Jungen aufmerksam, und im Nu bauten nicht nur Jan und Nico Floße.

Zwar hatten einige Kinder anfangs Schwierigkeiten beim Verknoten der Schnüre, aber sie halfen einander. Hin und wieder war auch meine Hilfe gefragt.

Jakob baute gleich mehrere Flöße. Andere Kinder brachten Masten und Fahnen an. Auch Floßreisende gab es, auf Davids Floß befand sich ein Pärchen. Mimi: »Vielleicht sind das zwei Verliebte, die allein sein wollen.«

Während mit den verschiedenen Floßen allerlei unternommen wurde, hatte der viereinhalbjährige Jakob schon wieder eine neue Idee. »Brigitte, kannst du noch ein Holz besorgen? Ich möchte ein Schiff bauen. Ein Schiff ist auch ein Wasserfahrzeug.«

Neue Wasserfahrzeuge rückten in den Mittelpunkt. Die Kinder brachten am nächsten Tag alle möglichen Modelle von zu Hause mit. Und Nico kam mit einem Feuerwehrauto. Ich muss wohl etwas erstaunt geblickt haben…

Nico: »Eine Feuerwehr ist auch ein Wasserfahrzeug!«

Julia: »Aber im Wasser fährt sie nicht.«

Nico: »Aber mit dem Wasser fährt sie zum Löschen!«

Mimi: »Und das ist im Schlauch.«

Jakob: »Jetzt zeig ich dir, wo bei meinem Feuerwehrauto das Wasser ist. Schau, da ist der Wassertank, und da ist auch der Schlauch. Und Chrissies (sein älterer Bruder) Schiffe bring ich, wenn ich ein Mal geschlafen hab.«

Nachdem alle Wasserfahrzeuge begutachtet und bestaunt worden waren, kamen einige in der Bauecke zum Einsatz. Etliche Kinder waren von Jakobs Idee,

ein Schiff zu bauen, so angetan, dass sie sich diesem Thema weiter zuwandten.

Mimi: »Das wird ein Hochzeitsschiff!«

Nico: »Aber fliegen kann's nicht.«

Mimi: »Aber schwimmen! Weil ein Schiff nicht fliegt, es schwimmt.«

Nikola: »Es gibt gar kein Schiff, das fliegen kann.«
Sebastian: »Doch, ein Tragflügelboot.«

David: »Ich bau ein Piratenschiff!«

Das wollten andere Kinder auch, denn in der Wasserbibliothek hatten wir ein informatives Buch darüber, das bei den Kindern sehr begehrt war. Auch das Spiel »Der Piratenschatz« erfreute sich großer Beliebtheit.

Im Laufe der Zeit entstanden ganz besondere Schiffe: Hochzeitsschiffe, Seeräuber- und Piratenschiffe, Ausflugsboote, Donauschiffe, Fluchtschiffe, Schatzschiffe und Fantasieschiffe.
Nachdem sie vom Stapel gelassen waren, traten sie ihre Jungfernfahrt auf der Donau – aus blauer Folie – an. Jedes Kind war stolz auf sein Gefährt und behielt es im Auge.

In den Sachbüchern in unserer Wasserbibliothek, die den Kindern immer wieder Gesprächsstoff lieferten, hatten sie zwar verschiedene Schiffe gesehen. Trotzdem war ich erstaunt über ihre Antworten, als ich sie einmal fragte, welche Wasserfahrzeuge sie kennen: Schiff, Floß, Fähre, Wikingerschiff, Boot, Ruderboot, Segelboot, Katamaran, Motorboot, Tretboot, Klipper, Gondel, U-Boot, Dampfschiff, Dampfer, Raddampfer, Hausboot, Kriegsschiff, Traumschiff, Flussdampfer, Forscherschiff, Walfangschiff, Piratenschiff, Schleppkahn, Surfbrett, Schlauchboot, Luftmatratze, Frachtschiff, Indianerboot, Fischerboot, Fischkutter, Containerschiff, Tanker, die Titanic, Tragflügelboot, Luftkissenboot, Kahn, Frachtkahn, Donaudampfschiff, Zerstörer, Schlepper, Paddelboot, Faltboot, Eisbrecher, Rettungsboot, Ausflugsboot, Hochzeitsschiff...
In den Sachbüchern[29] lasen wir:

29 Z.B.: Beaumont, E.: Schiffe – Was Kinder zwischen 5 und 8 Jahren erfahren wollen. Reihe »Wissen mit Pfiff«, Editions Fleurus, Paris 1995

Bereits die ersten Menschen verwendeten kleine Boote oder Flöße zum Fischen, Jagen und zum Überqueren von Flüssen. Sie bauten Einbäume, Flöße, Schilfboote und Papyrusboote oder benutzten Planken, die von mit Luft gefüllten Häuten getragen wurden. Zum Antreiben und Steuern der Boote dienten Paddel oder Ruder.

Ab 2000 v. Chr. bauten die Kreter und Phönizier Handelsschiffe mit Segeln. Die Erfindung des Segels führte auch zu einer neuen Taktik bei Schlachten zu Wasser: Man konnte den Gegner am Manövrieren hindern, indem man ihm den Wind aus den Segeln nahm.

Im 7. Jahrhundert v. Chr. wurde die schmale, lange Galeere gebaut. Die Wikinger befuhren vom 6. bis 11. Jahrhundert die Meere. Und das peruanische Floß verwenden die Indianer noch heute auf dem Titicacasee.

Dampfschiffe wurden seit 1802 und Passagierschiffe ab 1858 gebaut. Von 1890 an ersetzten Turbinenschiffe die Dampfer. Seit Segelschiffe weitgehend durch Motorschiffe ersetzt wurden, werden Segler fast nur noch als Renn- oder Freizeitboote genutzt. Allerdings gehen manche brasilianischen Fischer immer noch mit einem Floß mit Segel auf Fischfang.

Die ersten Tanker wurden um 1870 gebaut. 1955 lief das erste Atom-U-Boot aus, im 1. Weltkrieg landete und startete erstmals ein Flugzeug auf einem fahrenden Schiff.

1931 überquerte die erste Autofähre den Ärmelkanal.

Eines Tages brachte Jan ein ganz besonderes Boot mit. Es war aus einer Konservendose hergestellt worden. Natürlich wollten alle es schwimmen sehen, und eine Schüssel wurde mit Wasser gefüllt. Da sie eckig war, stieß das Boot immer wieder an. Aus der Nachbargruppe borgten wir uns eine ovale Wanne. Als das Wasser eingelassen wurde, schäumte es ein wenig.

Mimi: »Warum schäumt es?«

Jan: »Das müssen kleine Bakterien sein.«

Julia: »Das kommt von der Seife.«

In der ovalen Wanne schwamm das Boot zwar besser, aber um die Kurve plagte es sich.

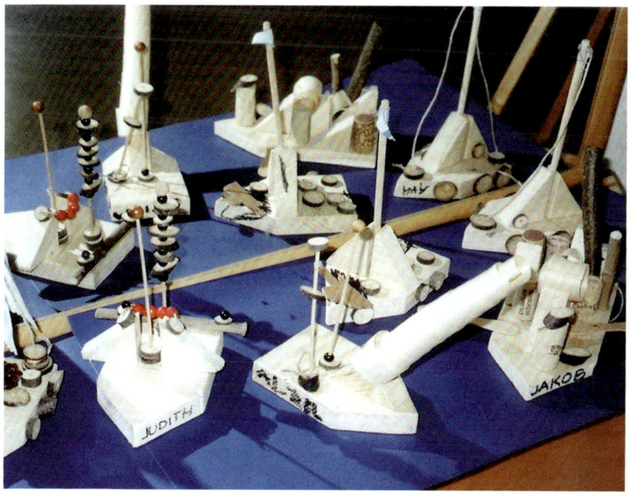

Jan: »Hat doch nicht so einen starken Antrieb, wie ich gedacht hab. Ich glaub, wir brauchen ein Gefäß mit besseren Kurven.«

Also begaben wir uns auf die Suche nach etwas Rundem und wurden fündig. Als Sebastian dazukam, erklärte Jan ihm: »Das erste Gefäß war nicht rund, da ging's schlecht. Das zweite war ein wenig besser, aber das hier ist bestens geeignet…«

Dann erzählte Jan, wie er Wachs in den Kronkorken getan hatte, denn »die Dochte waren schon alle verbrannt«.

Sebastian: »Und wo habt ihr dann die Dochte hergehabt?«

Jan: »Ganz einfach, wir haben eine Kerze auseinander geschnitten und den Docht heraus getan.«

Während wir uns mit Schiffen und Booten beschäftigen, entstanden viele Zeichnungen, darunter auch die »Schiffsimpressionen« von Jacob.

Das Wasserwerk

Linz besitzt sechs Wasserwerke und eines davon – es liegt im Süden der Stadt – ist das Wasserwerk Scharlinz.[30] Es wurde 1883 als »1. Wassergewinnungsstelle« in Betrieb genommen. Die Wassergewinnung erfolgt heute – wie vor über 100 Jahren – aus dem Grundwasserstrom, der im Untergrund der Welser Heide vom Westen nach Scharlinz fließt.

Was passiert in einem Wasserwerk? In einem Werk wird etwas erzeugt, meinten die Kinder.

Aber Julia wandte ein: »Wasser muss nicht erzeugt werden, weil es schon da ist.«

Jan: »Ich glaube, es muss gereinigt werden, denn es sind ja noch Steine, so kleine, drin. Und die verstopfen die Wasserleitung.«

Auf dem Poster »Wie aus Wasser Trinkwasser wird«[31] wird ein Wasserwerk so beschrieben:

Egal, woher die Wassertropfen kommen (Erdboden, Talsperren, Flüsse, Seen), sie müssen noch einmal gereinigt werden, ehe sie Trinkwasser werden. Das geschieht in unterschiedlichen Filterungsverfahren: Die Tropfen werden mit Luft vermischt, das heißt, durch Düsen zu winzig kleinen Tröpfchen fein zerstäubt. Dadurch werden die reinen Wassertröpfchen von anderen Teilchen wie Phosphat, die nicht ins Trinkwasser gehören, getrennt. Nun werden sie noch gefiltert. In den Filtern ist so feiner Sand und Kies, dass nur die Wassertropfen durchkommen. Alles Übrige wird zurückgehalten. Dann fließen sie durch ein langes Leitungsnetz in die Häuser und kommen schließlich auch bei uns aus dem Wasserhahn – gründlich gewaschen und gut schmeckend.

30 Die Informationen stammen aus dem Folder der »Linz AG«.
31 Poster Nr. 3: Wie aus Wasser Trinkwasser wird. Herausgeber: Bundesverband der deutschen Gas- und Wasserwirtschaft e.V.

Ich wollte mit den Kindern so ein Wasserwerk besichtigen und war Herrn Josef Treml dankbar, dass er uns Kontakte zum Wasserwerk Scharlinz knüpfte. Julias Vater begleitete uns auf der Exkursion.

Nach Bus- und Straßenbahnfahrt standen wir endlich vor dem Wasserwerk. Dort wartete Herr Böhm auf uns und führte uns – kompetent und für die Kinder verständlich – durch sein Reich.

Wasserpumpen, Rohre, Klappen, Schieber – wie sie einst aussahen und heute aussehen – befanden sich in der Ausstellungshalle. Herr Böhm erlaubte den Kindern, alles zu untersuchen. Nico, Mario und Jakob wollten wissen, wie so eine Pumpe von unten aussieht.

Nico: »Ist da was?«

Mario: »Spinnweben, sonst nichts!«

Besonders interessant waren die dreidimensionalen Schaukästen, die den Weg des Grundwassers für die Kinder gut nachvollziehbar darstellten.

Eindrucksvoll war auch der Brunnen. Aus Hygiene- und Sicherheitsgründen war alles verglast. Eine schwarze Tafel mit der Aufschrift »Auf die Verschmutzung von Grundwasser hat die Natur die Todesstrafe gesetzt«[32] fiel den Kindern auf, und ich musste ihnen vorlesen, was darauf geschrieben stand. Zuerst sagte niemand etwas. Dann meinte Jan: »Ah, deswegen ist hier überall Glas...«

Auf dem Rückweg zum Ausgang entdeckten die Kinder einen Stadtplan von Linz mit markierten Wasserversorgungsgebieten. Julia: »Und der rote Punkt ist das Wasserwerk.«

Auch vor dem Wasserwerk gab es verschiedene Objekte, die die Aufmerksamkeit der Kinder auf sich lenkten. Zwar standen diese Ausstellungsstücke schon hier, als wir ankamen. Sie wurden für die Kinder aber erst interessant, nachdem sie ähnliche Teile im Wasserwerk kennen gelernt hatten.

Die Kinder waren von der Exkursion ins Wasserwerk Scharlinz sehr angetan, sprachen immer wieder davon und erzählten ihre Eindrücke den Daheimgebliebenen:

Jan: »Da sind wir hineingekommen, und da war so ein Geräteplatz...«

Nico: »Da war was zum Drehen.«

Jan: »Ja, eine Klappe. Und wenn Wasser da gewesen wäre, hätten wir es absperren können oder aufmachen.«

Nico: »Das war schon in alten Zeiten so, als wir noch nicht auf der Welt waren.«

Jan: »Ja, im Jahr 1800 hat's das schon gegeben. Und dann hat man weiter geforscht und auch kleine Schläuche erfunden.«

Sebastian: »Ja, so Rohre.«

32 Hier wurde Max von Pettenkofer (1818-1901) zitiert.

Was ist Grundwasser?

Grundwasser ist Wasser, das die unterirdischen Hohlräume der Erdrinde zusammenhängend ausfüllt. Seine Bewegung wird durch die Schwerkraft und durch Reibungskräfte bestimmt. Grundwasser ist der »Rohstoff« für unser Trinkwasser.

Österreich ist in der Lage, 99 Prozent der Wasserversorgung aus Grundwasser abdecken zu können. 1 Prozent stammt aus Oberflächengewässern wie Flüssen oder Seen.

Nico: »Große, kleine, mittelgroße, riesige... Das kommt darauf an, wie viel Wasser da ist.«

Jan: »Für eine starke Strömung braucht man zuerst kleine, und wenn's mehr wird, nimmt man große.«

Sebastian: »Du verwechselst was.«

Nico: »Bei starker Strömung braucht man was Großes, weil's das andere wegreißt. Das Wasser wird so wild.«

Sebastian: »Das Wasser wird gepumpt.«

Jan: »Aber zuerst wird die Quelle gefasst. Das haben wir im Wald gesehen, als wir zu der Quelle gewandert sind.«

Nico: »Genau, als wir geglaubt haben, dass da ein Backofen ist.«

Jan: »Ja, aber ich bin noch nicht fertig! Das Wasser wird dann von der Quelle ins Wasserwerk gepumpt. Dort reinigen sie's.«

Sebastian: »Filtern.«

Jan: »Weiß ich! Dann kommt's zu uns ins Haus, und wir brauchen nur den Wasserhahn aufzudrehen...«

Wer unser Wasser untersucht

Für die Wasserqualität sind die Bundesanstalten für Lebensmitteluntersuchungen zuständig. Sie achten auf die Einhaltung der Bestimmungen oder Vorschriften – da die Kinder wissen, was Regeln sind, konnten sie mit diesen Begriffen etwas anfangen – und sorgen dafür, dass Untersuchungen und Kontrollen durchgeführt werden.

Jan: »Das ist wichtig, sonst wissen wir ja nicht, ob's auch stimmt.«

Sebastian: »Ja. Wir sagen ja auch, dass wir aufgeräumt haben, und dabei stimmt's gar nicht.«

Worauf wird unser Trinkwasser untersucht?

Man untersucht das Aussehen, den Geruch, den pH-Wert, die Leitfähigkeit, die Temperatur und die Spurenelemente, die im Wasser enthalten sind, denn das Wasser darf keine schädlichen Auswirkungen auf die Gesundheit der Menschen haben. Auch Grundwasser wird untersucht. Gutes Wasser muss klar und farblos sein, erklärte ich den Kindern. Es muss neutral riechen.

Die Wasserparty

Das Kindergartenjahr neigte sich dem Ende zu. Eine Wasserparty sollte der krönende Abschluss sein.

Mimi: »So eine Party müsste eigentlich im Wasser stattfinden.«

Mario: »Oder unter Wasser!«

Als ich meine Bedenken äußerte, meinte Mario: »Dann tun wir halt nur so, als ob wir auf dem Meeresgrund wären...«

Die Vorbereitungen nahmen ihren Lauf. Die Terrasse wurde mit blauer »Donaufolie« abgegrenzt, auf die die Kinder gemalte und ausgeschnittene Fische klebten. Unser Wasserschloss stand ja ohnehin schon »auf dem Meeresgrund«.

Im Laufe des Jahres hatten wir Mineralwasser aus aller Welt gesammelt. Nun wollten wir wissen, wie es schmeckt. Dies war an der Wasser-Bar möglich.

Ohne Ende wurden Fische bemalt und Schiffchen gefaltet, denn Marios Vorschlag hatte Anklang gefunden: Es sollte ein Fest auf dem Meeresgrund sein. Also brauchten wir auch Algen, aber die hatten wir zum Glück noch.

Schließlich konnte es losgehen. Jeder bekam oder mixte sich seinen Wunschcocktail. Es gab Goldfischli auf Wassertropfen, süße Donaukiesel – und wie schmeckte das Wasser aus andern Ländern? »Auch gut, nicht anders, wie bei uns, Wasser ist Wasser...«

Dem Buch »Dr. Tröot und ihr Seifenblasenbalanciernasenkunststück«[33] hatten wir ein Rezept für Seifenwasser entnommen und 10 Liter Seifenwasser produziert. Für Unterhaltung war also gesorgt. Zu guter Letzt nahmen sich die Kinder noch abgefülltes Seifenwasser und »so ein biegbares Rohr« mit nach Hause.

33 Vendrak, V./Rohsmann, M.: Dr. Tröot und ihr Seifenblasenbalanciernasenkunststück. Verein CliniClowns Austria, 2002

Epilog

Das Vergnügen, das Lernen, Wissen und Verstehen bereitet, ist eines der wichtigsten und grundlegendsten Gefühle, die ein Kind erwartet, wenn es allein, mit anderen Kindern oder Erwachsenen zusammen neue Erfahrungen macht.

Loris Malaguzzi

Als wir unser Wasser-Projekt im Jahr 2003, dem von den Vereinten Nationen deklarierten »Jahr des Wassers«, begannen, reichten zwölf Monate nicht aus, um all das umzusetzen, was ich mir vorgenommen hatte. Aber ich hatte von Reggio gelernt und ließ mich auf das ein, was von den Kindern kam.

Lasse ich das Jahr Revue passieren, entsprach es ganz und gar dem Wesen des Wassers: fließend, sprudelnd, tröpfelnd, strömend, schüttend, gurgelnd, nieselnd, klar und unberechenbar. Auf unterschiedlichste Weise näherten wir uns dem Wasser und erlebten, erforschten, erspürten das nasse Element, das vom Anbeginn der Schöpfung da war, ohne das es kein Leben gäbe und das alles verändert.

Nun war unsere Wasser-Reise zu Ende. Es war schön, Reisebegleiterin sein zu dürfen.

Ich schließe mit Heraklit: »Alles fließt!«

Anhang

Unser Projekt wurde im Rahmen des »Österreichischen Neptun Wasserpreises« vom Bundesministerium für Umwelt mit einem Sonderpreis ausgezeichnet.

Dank

Ich bedanke mich herzlich

- bei den Eltern »meiner« Kinder für ihre wertvolle Mitarbeit, die Kooperation und das Verständnis für unsere nicht immer selbstverständlichen Aktivitäten;
- bei Herrn Bundesminister Josef Pröll für das Video »Wasser in Österreich«;
- beim Wasserwirtschaftsamt Klagenfurt und bei der Österreichischen Vereinigung für das Gas- und Wasserfach für wertvolle Informationen und die Ermutigung zur Teilnahme am »Österreichischen Neptun Wasserpreis«;
- bei Karl Rametsteiner für die technische und »chemische« Beratung;
- bei Herrn Josef Treml für die Kontakte zum Wasserwerk Scharlinz;
- bei der Firma KE-KELIT für die Unterstützung mit Kunststoffmaterialien;
- bei Frau Silvia Egger für aufwändiges Kopieren, zu jeder Zeit;
- bei Herrn Dr. Kette, Moorbad Althofen, für Heilschlamm und Moorerde;
- bei der »Preblauer«-Quelle für Mineralwasser und Informationen;
- bei der VÖSLAUER Mineralwasser AG, die das Familienfest des Kindergartens mit Getränken sponserte;
- bei unserer Sonderkindergärtnerin, Frau Hannelore Zwettler, für Literatur-Leihgaben;
- bei all jenen, die uns Wasser aus aller Welt mitbrachten und dadurch interessante Gespräche auslösten;
- bei Herrn Direktor Mag. J. Kobler, der mich – nicht nur bei diesem Projekt – mit seinem Wohlwollen begleitete und mir die Studienreise nach Reggio/Emilia ermöglichte;
- vor allem aber bei den Kindern meiner Gruppe, die mir auch bei diesem Projekt zeigten: Es gibt sie wirklich, die 100 Sprachen, 100 Wege, 100 Möglichkeiten, 100 Ideen, 100 Ausdrucksweisen, um die Welt zu erforschen.

Literatur

In der Wasserbibliothek lud uns folgende Literatur zum Informieren, Vertiefen, Verweilen uns Schmökern ein:

Ammann, R./Luchs, A.: Frau Holle verliert die Kontrolle. Atlantis, Zürich 2002

Arnold, G./Freitag, H.: Wasserwelt Kärntens. Verlag Johannes Heyn, Klagenfurt 1995

Ball, Ph.: H_2O – Biographie des Wassers. Piper, Zürich/München 2002

Beaumont, E.: Buntes Wörterbuch des Meeres. Fleurus Verlag, Saarbrücken 1995

Beaumont, E.: Schiffe. Reihe: WISSEN MIT PFIFF, Fleurus Verlag, Saarbrücken 1996

Beaumont, E.: Die Ozeane. Reihe WISSEN MIT PFIFF. Fleurus Verlag, Saarbrücken 1999

Bouchardy , Ch.: Am Teich – Ensslin Naturführer. Ensslin Verlag, Eningen 2001

Breffort, C.: La Mer. Edition Gründ, Paris 2003

Bydlinski, G.: Wasserhahn und Wasserhenne. Dachs Verlag, Wien 2002

Challouer, J.: Nass und trocken. Reihe »Der Guckkasten«. Saatkorn Verlag, Lüneburg 1999

Challouer, J.: Schwimmen und sinken. Reihe »Der Guckkasten«. Saatkorn Verlag, Lüneburg 1999
Cole, B./van der Meer, R.: Ach du dicker Fisch. Brunnen Verlag, Gießen 1993
Conrag, S./Montanari, E.: Die Arche Noah. Verlag Gabriel im Thienemann Verlag, Stuttgart 2002
Coplestone, L. u. J.: Gute Nacht, Noah. Verlag Pattloch, München 2004
Crummenerl, R.: Luft und Wasser. Reihe WAS IST WAS. TessloffVerlag, Nürnberg 1981
Das Motiv des Wassers in der Kunst des Jugendstils. Ausstellungskatalog. Bröhan Museum, Berlin 1995
Der Frosch. Reihe »Der Guckkasten«, Saatkornverlag, Lüneburg 1992
Der Wassergraben. Reihe »Der Guckkasten«, Saatkornverlag, Lüneburg 1992
Delaroche, J./Gaudineau, C.: Mein Atlas der Ozeane. Fleurus Verlag, Saarbrücken 2002
Edlinger, K./Moik, H.: Leben am Fluss. Steirische Verlagsgesellschaft, Graz 2003
Edlinger, K./Moik, H.: Österreichs schönste Auen. Steirische Verlagsgesellschaft, Graz 2003
Ende, M./Schlüter, M./Hiller, W.: Der Lindwurm und der Schmetterling. Thienemann Verlag, Stuttgart 1981
Enedo, M.: Die Antwort des Wassers. KOHA Verlag. Burgrain 2002
Feik, D./Fleischhacker, P.: Arbeitsmappe »Wasser ist uns wichtig«. Österreichisches Lebensmittelministerium, Wien 2000
Geheimnisse zum Weitersagen – über die Umwelt. Broschüre der Europäischen Kommission, 2002
Greisenegger, I./Farasin, K./Pitter, K.: Umweltspürnasen. Aktivbuch »Tümpel und Teiche«. Orac Verlag, Wien 1988
Grisseman, O.: Die Wassertropfenreise. Verlag Jugend&Volk, Wien 1993
Hendel, B.: Wasser vom Reinsten. INA VerlagsGmbH, Herrsching 2002
Hundert Sprachen hat das Kind. Ausstellungskatalog. Luchterhand, Neuwied/Kriftel/Berlin 2002
Janisch, H./Zwergler, L.: Die Arche Noah. Verlag Neugebauer, Salzburg 1997
Jenny, A./Hänggi, G.: Kinder entdecken ihre Erde. BDV Basiliusverlag, 1987
Kaiser, O.: Seen in Kärnten. Kärntner Druck- und Verlagsgesellschaft, Klagenfurt 1987
Kinder entdecken Naturereignisse. Timelife Kinderbibliothek, Amsterdam 1991
Kistenich, R.: Wasser – Augenblicke – Gedankenspiel. Elemente Verlag Landskron, Kärnten 2003
Knapp, W./Strascheit, W.: Wasser erleben und erfahren. Verlag An der Ruhr. Mühlheim/Ruhr 1990
Koch, S./Heuck, S.: Die Wolkenreise. Verlag Thienemann, Stuttgart 1989
Laewen, H.-J./Andres, B.: Forscher, Künstler, Konstrukteure. Beltz, Weinheim 2002
Lee, B.: Dem Piratenschatz auf der Spur. ars Edition, München 2004
Legault, M.-A. (Hrsg.): Unwetter. Kosmos, Stuttgart 2003
Lück, G.: Handbuch der Naturwissenschaftlichen Bildung. Herder, Freiburg 2003
Manning, N./Graustroh, B.: Ich mach mir einen Regenbogen. KBV, Luzern 1998
Mc Cardie, A./Crossland, C.: Mach's gut, kleiner Frosch. Verlag St. Gabriel, Mödling bei Wien 1997
Messenger, N.: Die Erschaffung der Welt. Dorling & Kindersley, London/München 2001
Mettler, R.: Der Fluss – Eine Entdeckungsreise durch die Natur. ars Edition, München 2002
Metzger, W.: Mit der Feuerwehr unterwegs. Reihe: WIESO – WESHALB – WARUM. Ravensburger Verlag, Freiburg 1998
Müller-Hiestand, U.: Erde, Wasser, Feuer, Luft. AT Verlag, Aarau 1994
Pfister, M.: Der Regenbogenfisch. Nord-Süd Verlag, Zürich/Hamburg 1992
Pfister, M.: Der Regenbogenfisch stiftet Frieden. Nord-Süd Verlag, Zürich/Hamburg 1998
Pfister, M.: Der Regenbogenfisch lernt zählen. Nord-Süd Verlag, Zürich/Hamburg 2004
Pfister, M.: Der Regenbogenfisch hat keine Angst mehr. Nord-Süd Verlag, Zürich/Hamburg 2004
Pledger, M./Wood, A. J.: Fühle, Suche, Zähle. Edition Pestalozzi, Erlangen 1999
Preussler, O.: Der kleine Wassermann. Thienemann Verlag, Stuttgart 1956
Riese Lassen, Ch.: La mer que j'aime. Edition Quartre Fleuves, Paris 2002
Roether, Ch. u. P.: Nick, der kleine Kapitän. Verlag Coppenrath, Münster 2004
Schanz, P.: 87 Tage Blau – Logbuch einer Erdumrundung. Verlag Sanssouci, München/Wien 2003

Schlepp, T. J.: Tiere der Meere. Reihe: Wissen der Welt. ars Edition, München 2002
Stockinger, H./Kowarik, I.: Die Tränenkette. Verlag Grosser, Linz 1999
Taborska, A./Wilko, J.: Der Fischer auf dem Meeresgrund. Patmos, Düsseldorf 1997
Tierwelten. Reihe: Wissen rundum. ars Edition, München 2003
Traqui, V.: Das Krokodil. Meine erste Tierbibliothek. Esslinger Verlag, 2003
Treiber, J./Antoni, B.: Maxeline Regenschirm. Dachs Verlag, Wien 2003
Vendrak, V./Rohsmann, M.: Dr. Tröööt und ihr Seifenblasenbalanciernasenkunststück. Verein Clini-Clowns Austria, 2002
D'Vincent, C./Kalos, S.: Das Wale-Kinderbuch. Verlag Neugebauer-Press, Salzburg/München 1991
Walter, G.: Wasser. Herder, Freiburg 1992
Wassertropfengeschichten. Toni Tropf, Willi Water und Alina Aqua auf der Reise im globalen Wasserkreislauf. Wasserschule Nationalpark Hohe Tauern, 2003
Wensky, G./Hänsch, S.: Faszinierende Wasserwelten. Herder, Freiburg 2002
Wolfe, A.: Wasser – Welten zwischen Himmel und Erde. Frederking & Thaler. München 1997

Die Autorin

Brigitte Rametsteiner wurde am 15.10.1948 in Kärnten geboren. Ihre Ausbildung zur Kindergärtnerin und Horterzieherin erhielt sie an der Bundesbildungsanstalt für Kindergartenpädagogik in Klagenfurt. Erste Praxiserfahrungen sammelte sie in einem Kindergarten, einem Kinderheim und als Privaterzieherin von drei Kindern in Kärnten. Ein weiteres Erfahrungsfeld bot Wien: »Von der Säuglingskrippe bis zum Sonderhort habe ich alles durchlaufen, um dann zu wissen, was ich nicht will. Doch in Wien entdeckte ich meine Liebe zum Hort. Als Kärntnerin, mit einem Wiener verheiratet, in Bayern wohnhaft und Mutter einer Tochter, baute ich in Oberösterreich einen Kindergarten auf und leitete ihn 23 Jahre lang. 1995 siedelte ich der Liebe wegen nach Linz über und arbeite seither bei der Stadt Linz als Kindergärtnerin. Anfangs strebte ich wieder Leitungsverantwortung an, gab dieses Unterfangen aber auf, als ich 1999 mein Schlüsselerlebnis mit der Reggio-Pädagogik hatte. Seit 2009 arbeite ich nicht mehr im Kindergarten, kämpfe aber weiter für eine lebendige Pädagogil à la Reggio auf Seminaren und Fortbildungen.«

Der Kindergarten, in dem Brigitte Rametsteiner als einzige Erzieherin bis 2008 arbeitete, die sich der Reggio-Pädagogik verpflichtet fühlt, liegt im Herzen der Stadt Linz und ist mit sieben Kindergarten- und zwei Krabbelstubengruppen einer der größten des Linzer Magistrats. In den Gruppen werden 23 oder 24 Kinder – viele von ihnen stammen aus Familien mit Migrationshintergrund – von einer Kindergartenpädagogin betreut. Eine halbe Helferinnenstelle pro Gruppe dient der Unterstützung.

Brigitte Rametsteiner veröffentlichte zahlreiche Beiträge in Fachzeitschriften.

Kontakt:
E-Mail: buk.rametsteiner@aon.at